U0792868

职业教育汽车类专业核心课程系列教材

汽车底盘构造与检修

实训手册

总主编◎范冬梅

主　编◎彭德豹　张树峰

副主编◎徐红举　杨化莉　郑　磊　张　谦

参　编◎韩佳丽　焦守君　程亚梅
董其宾　毕杰烽　李方超

中国工信出版集团　電子工業出版社
PUBLISHING HOUSE OF ELECTRONICS INDUSTRY
http://www.phei.com.cn

CONTENTS

目录

项目一

汽车底盘认知

任务 汽车底盘结构认知

姓名		学号	
小组成员		组长姓名	
一、接受工作任务		成绩：	

企业工作任务

一辆________年生产的_______款手________轿车，已行驶_______km，到4S店进行维护。根据驾驶员反映该车底盘有异响，以前未进行过维护。维修技术人员初步判断车辆底盘需要进行相关检查。请你根据本任务所学对汽车底盘进行相关检查。

二、信息收集	成绩：

1. 汽车底盘由________、________、________和________四大系统组成。
2. 汽车传动系的功用是将发动机的动力传给_________。
3. 汽车行驶系一般由________、________、车轮总成等组成。
4. 转向系由________、________和传动机构组成。
5. 制动系的功用是使汽车________、________并能保证可靠地驻停。
6. 汽车底盘的总体布置常见的有_______、前置前轮驱动、________、全轮驱动等。
7. 传动系统结构认知。请在下表中写出各零部件的名称。

续表

二、信息收集	成绩：

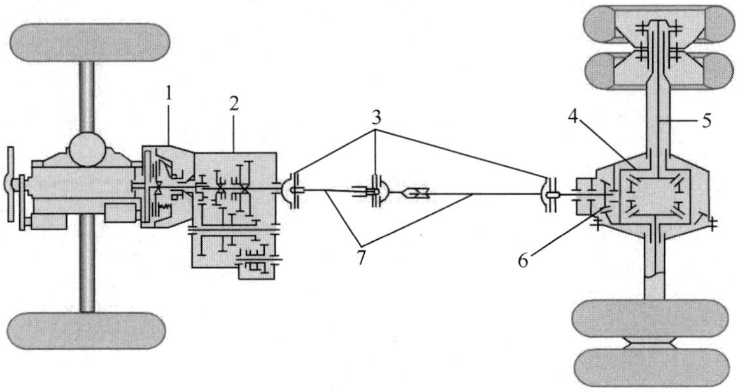

数字代号	零部件名称	数字代号	零部件名称
1		5	
2		6	
3		7	
4			

三、制订计划	成绩：

1．请根据汽车底盘的整体结构，制订汽车底盘认知作业计划。

操作流程		
序号	作业项目	注意事项
1		
2		
3		
计划审核	审核意见：______ ______ ____年____月____日　　签字：______	

2．请根据作业计划，完成小组成员任务分工。

操作人		记录员	
监护人		展示员	

作业注意事项
①实训前须检查车辆是否停放到位，举升装置是否安全有效。 ②实训时远离火源及可燃物，保证场地通风，避开雨雪天气。 ③作业时，须确保场地无油污，工具规格相符。 ④认知过程中严格遵守课堂纪律，严禁私自乱动举升装置。

续表

三、制订计划	成绩：

检测设备/工具/材料			
序号	名称	数量	清点
			□已清点
			□已清点
			□已清点
			□已清点

四、计划实施	成绩：

1．请完成底盘整体结构认知前的基本检查，并记录信息。

（1）检查作业现场环境。

	作业内容：____________ 作业结果：____________

（2）记录整车基本信息。

	行驶里程	________km
	车辆基本信息	VIN 码____________
		发动机号____________
		品牌______，车型______，颜色______

（3）作业前仪表工具检查。

	作业内容：____________ 作业结果：____________

（4）作业前实施车辆防护。

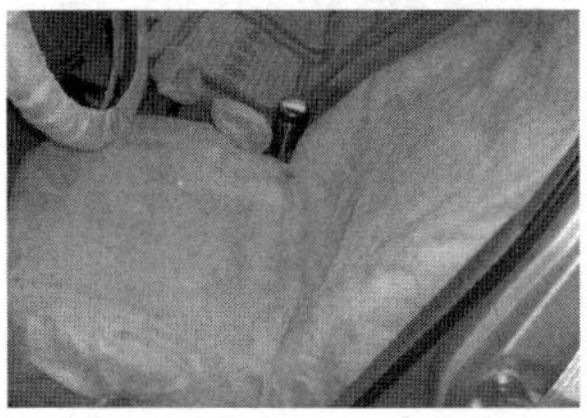	作业内容：____________ 作业结果：____________

续表

四、计划实施	成绩：

2．请完成传动系统的认知流程，并记录信息。

（1）离合器、变速器的认知。

	离合器安装位置	
	变速器安装位置	
	变速器固定螺栓个数	
	安装固定状况检查	□正常　□异常

（2）万向传动装置的认知。

	安装位置	
	固定螺栓个数	
	万向传动装置的组成	
	安装固定状况检查	□正常　□异常

（3）驱动桥的认知。

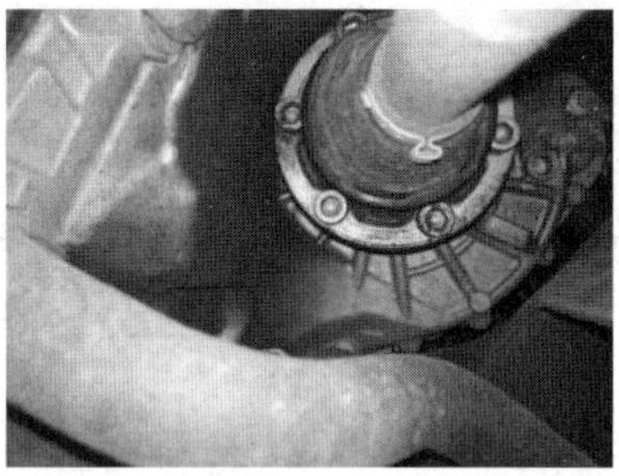	安装位置	
	驱动桥的组成	
	安装固定状况检查	□正常　□异常

3．请完成行驶系统的认知流程，并记录信息。

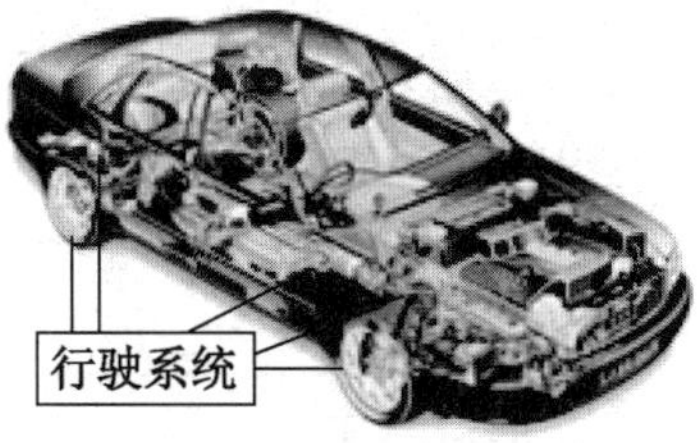	行驶系的组成	
	安装位置	
	安装固定状况检查	□正常　□异常

4．请完成转向系统的认知流程，并记录信息。

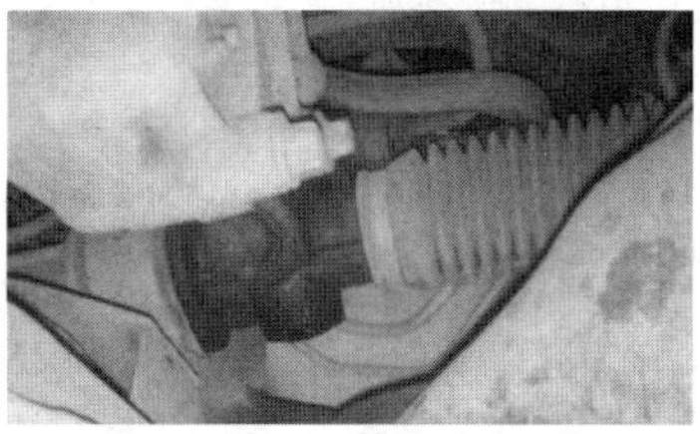	转向系的组成	
	转向器的安装位置	
	安装固定状况检查	□正常　□异常

续表

四、计划实施 **成绩：**

5．请完成制动系统的认知流程，并记录信息。

	制动系的组成	
	制动器的安装位置	前：________；后________
	安装固定状况检查	□正常　□异常

五、质量检查 **成绩：**

请实训指导教师检查作业结果，并针对实训过程中出现的问题提出改进措施及建议。

序号	评价标准	评价结果
1	规范完成底盘整体结构认知前的准备工作	☆ ☆ ☆ ☆ ☆
2	规范完成底盘各系统零部件检查流程	☆ ☆ ☆ ☆ ☆
3	正确如实记录各零部件相关数据信息	☆ ☆ ☆ ☆ ☆
4	场地恢复及现场 5S 管理	☆ ☆ ☆ ☆ ☆
综合评价		

六、评价反馈 **成绩：**

请根据自己在课堂中的实际表现进行自我反思和自我评价。

自我反思：____

____

自我评价：____

____

项目二

汽车传动系统检修

任务1 离合器检修

姓名		学号	
小组成员		组长姓名	
一、接受工作任务		成绩：	

企业工作任务

一辆______年生产的_____款手动挡_______轿车，离合器沉重，并且换挡时有异响，起步抖动，到修理厂进行修理。维修人员初步判断需要对离合器进行检修。请你根据本任务所学完成离合器的拆检与总成的更换。

二、信息收集	成绩：

1．离合器的功用。

（1）使发动机与传动系逐渐接合，保证汽车________。

（2）暂时切断发动机的动力传动，保证变速器_______。

（3）限制所传递的转矩，防止传动系______。

2．汽车上应用的离合器按照工作原理主要有__________、__________、________三种形式。目前应用最广泛的是_______离合器。自动变速器的车辆采用的离合装置是________。

续表

二、信息收集	成绩：

3．离合器结构认知。请写出离合器结构示意图中各数字代号的含义。

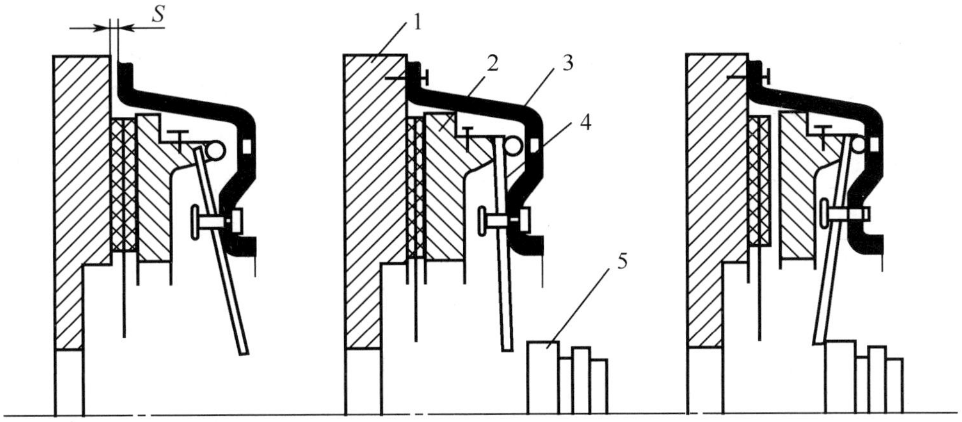

数字代号	含义	数字代号	含义
1		4	
2		5	
3			

4．离合器操纵机构认知。请写出离合器操纵机构示意图中各数字代号的含义。

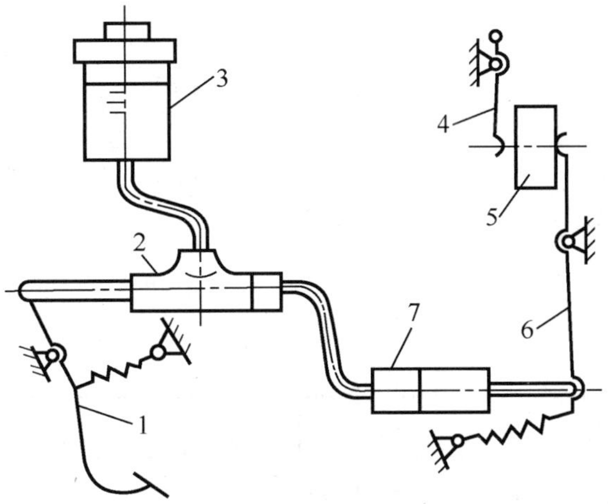

数字代号	含义	数字代号	含义
1		4	
2		5	
3		7	
4		8	

续表

三、制订计划	成绩：

1．请根据离合器检修流程的要求，制订作业计划。

操作流程		
序号	作业项目	注意事项
1		
2		
3		
4		
计划审核	审核意见：______ ______ ____年____月____日　　签字：______	

2．请根据作业计划，完成小组成员任务分工。

操作人		记录员	
监护人		展示员	

作业注意事项
①实训前须检查车辆是否停放到位，举升装置是否安全有效。 ②实训时远离火源及可燃物，保证场地通风，避开雨雪天气。 ③离合器拆装时，须确保场地无油污，工具规格相符。 ④拆检过程中严格遵守课堂纪律，严禁私自乱动举升装置。

检测设备/工具/材料			
序号	名称	数量	清点
			□已清点
			□已清点
			□已清点
			□已清点

四、计划实施	成绩：

1．请完成离合器检修前的基本检查，并记录信息。

（1）检查作业现场环境。

	作业内容：______ 作业结果：______

续表

四、计划实施	成绩：

（2）记录整车仪表信息。

	点火开关位置	□Start □On □ACC □Lock
	行驶里程	____________km
	车辆基本信息	VIN 码____________________
		发动机号__________________
		品牌__________，车型__________， 颜色__________

（3）维修作业前仪表工具检查。

	作业内容： ____ 作业结果： ____

（4）故障现象的确认。

	车辆路试	车速__________，路况__________
	故障现象	

（5）维修作业前实施车辆防护。

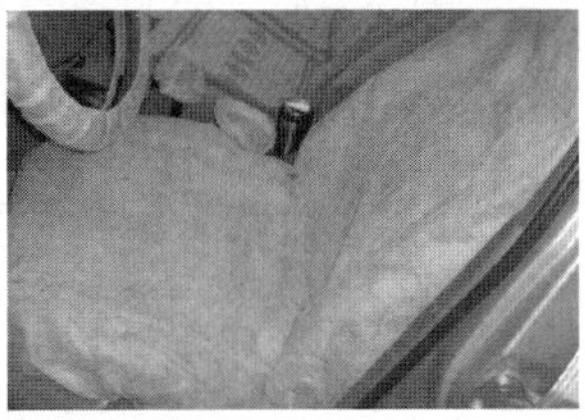	作业内容： ____ 作业结果： ____

2．请完成离合器的拆卸操作流程，并记录信息。

序号	拆卸步骤	注意事项
1		
2		
3		
4		
5		
6		

续表

四、计划实施	成绩：

3．请完成离合器的检测操作流程，并记录信息。

（1）从动盘的检查。

<table>
<tr><td rowspan="5"></td><td colspan="2">目视检查内容：</td></tr>
<tr><td rowspan="3">从动盘磨损程度的检查</td><td>铆钉测量深度：__________</td></tr>
<tr><td>维修手册标准值：________</td></tr>
<tr><td>维修手册磨损极限值：_____</td></tr>
<tr><td>结果判断</td><td>□继续使用　　□更换</td></tr>
</table>

（2）压盘和离合器盖的检查。

<table>
<tr><td rowspan="5"></td><td rowspan="3">压盘的检查</td><td colspan="2">外观检查：____________________</td></tr>
<tr><td colspan="2">平面度检查：测量值____________，极限值___________</td></tr>
<tr><td>结果判断</td><td>□继续使用　　□更换</td></tr>
<tr><td rowspan="2">离合器盖的检查</td><td colspan="2">外观检查：____________________</td></tr>
<tr><td>结果判断</td><td>□继续使用　　□更换</td></tr>
</table>

（3）膜片弹簧磨损程度的检查。

<table>
<tr><td rowspan="4"></td><td>外观检查</td><td></td></tr>
<tr><td rowspan="2">膜片弹簧磨损程度的检查</td><td>深度_________，极限值_________</td></tr>
<tr><td>宽度_________，极限值_________</td></tr>
<tr><td>结果判断</td><td>□继续使用　□调整后使用　□更换</td></tr>
</table>

（4）分离轴承的检查。

<table>
<tr><td rowspan="3">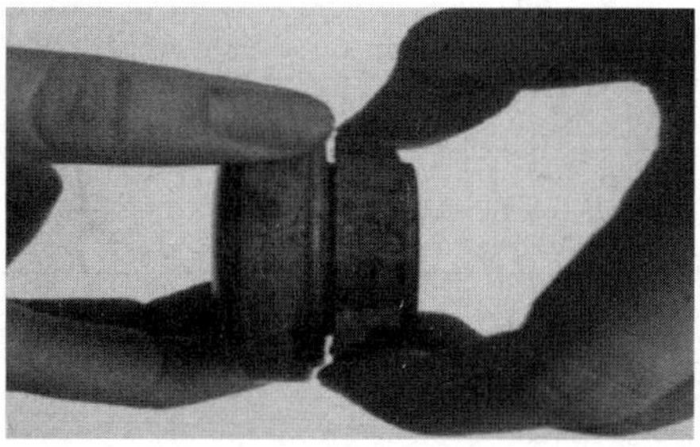</td><td>外观检查</td><td></td></tr>
<tr><td>工作情况检查</td><td>□正常　　　□异常</td></tr>
<tr><td>结果判断</td><td>□继续使用　　□更换</td></tr>
</table>

续表

四、计划实施	成绩：

（5）飞轮的检查。

<table>
<tr><td rowspan="3"></td><td>外观检查</td><td></td></tr>
<tr><td>断面跳动量检查</td><td>测量值________，
极限值________</td></tr>
<tr><td>结果判断</td><td>□继续使用　　□更换</td></tr>
</table>

4．请完成离合器的装复操作流程，并记录信息。

序号	装复步骤	注意事项
1		
2		
3		
4		
5		
6		

五、质量检查	成绩：

请实训指导教师检查作业结果，并针对实训过程中出现的问题提出改进措施及建议。

序号	评价标准	评价结果
1	规范完成离合器检修前的准备工作	☆ ☆ ☆ ☆ ☆
2	规范完成离合器拆检操作流程	☆ ☆ ☆ ☆ ☆
3	正确如实记录检测数据信息	☆ ☆ ☆ ☆ ☆
4	场地恢复及现场 5S 管理	☆ ☆ ☆ ☆ ☆
综合评价		

六、评价反馈	成绩：

请根据自己在课堂中的实际表现进行自我反思和自我评价。

自我反思：____

____。

自我评价：____

____。

任务2 手动变速器检修

姓名		学号	
小组成员		组长姓名	
一、接受工作任务		**成绩：**	
企业工作任务 一辆______年生产的_______款手动挡________轿车，在行驶中由2挡换为3挡时有异响，到修理厂进行修理。根据驾驶员反映该车开始时，换挡时的异响响声较小，但是经过一个月后换挡时的异响声变得越来越大。维修技术人员初步判断为变速器内部故障，需要对变速器进行拆检。请你根据本任务所学完成手动变速器的拆检与总成的更换。			
二、信息收集		**成绩：**	
1．变速器的功用。 （1）实现变速、变矩。变速器是通过______________来实现这一功用的。 （2）实现倒车。为了实现汽车的倒向行驶，变速器中设置了___________。 （3）实现中断动力传动。在发动机启动和怠速运转、变速器换挡、汽车滑行和暂时停车等情况下，都需要中断发动机的动力传动，因此变速器中设有___________。 2．变速器的类型。 （1）变速器按传动比的级数可分为______式、________式和综合式三种。 （2）按变速器的操纵方式可分为____________、_____________和手动自动一体变速器三种。 3．变速器工作原理分析。请写出变速器各挡动力传递路线。 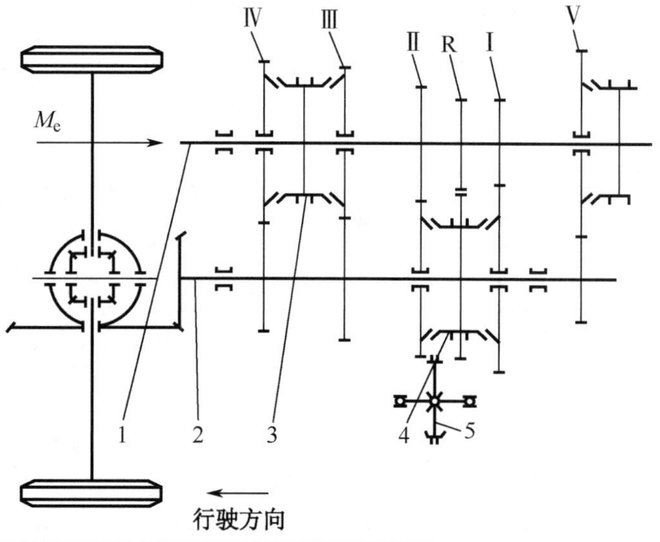			

续表

二、信息收集	成绩：

续表

挡位名称	
1 挡（Ⅰ）	
2 挡（Ⅱ）	
3 挡（Ⅲ）	
4 挡（Ⅳ）	
5 挡（Ⅴ）	
倒挡（R）	

4．变速器操纵机构认知。请写出变速器操纵机构示意图中各数字代号的含义。

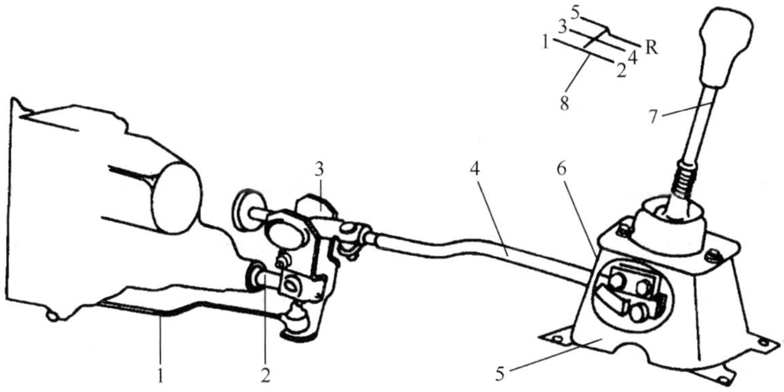

数字代号	含义	数字代号	含义
1		5	
2		6	
3		7	
4		8	

三、制订计划	成绩：

1．请根据手动变速器检修流程的要求，制订作业计划。

操作流程		
序号	作业项目	注意事项
1		
2		
3		
4		
5		
计划审核	审核意见：________________ ________________ ____年____月____日　　签字：________	

续表

三、制订计划	成绩：

2．请根据作业计划，完成小组成员任务分工。

操作人		记录员	
监护人		展示员	

作业注意事项

①实训前须检查车辆是否停放到位，举升装置是否安全有效。
②实训时远离火源及可燃物，保证场地通风，避开雨雪天气。
③手动变速器拆装时，须确保场地无油污，工具规格相符。
④拆检过程中严格遵守课堂纪律，严禁私自乱动举升装置。

检测设备/工具/材料

序号	名称	数量	清点
			□已清点
			□已清点
			□已清点
			□已清点

四、计划实施	成绩：

1．请完成手动变速器检修前的基本检查，并记录信息。

（1）检查作业现场环境。

作业内容：____________________

作业结果：____________________

（2）记录整车仪表信息。

点火开关位置	□Start □On □ACC □Lock
行驶里程	________km
车辆基本信息	VIN 码________
	发动机号________
	品牌______，车型______，颜色______

续表

四、计划实施	成绩：

（3）维修作业前仪表工具检查。

<table>
<tr><td rowspan="2"></td><td>作业内容：____________________</td></tr>
<tr><td>作业结果：____________________</td></tr>
</table>

（4）故障现象的确认。

<table>
<tr><td rowspan="2"></td><td>车辆路试</td><td>车速__________，路况__________</td></tr>
<tr><td>故障现象</td><td></td></tr>
</table>

（5）维修作业前实施车辆防护。

<table>
<tr><td rowspan="2">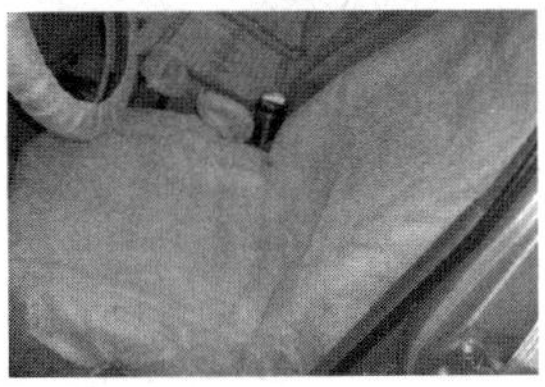</td><td>作业内容：____________________</td></tr>
<tr><td>作业结果：____________________</td></tr>
</table>

2．请完成手动变速器的拆卸操作流程，并记录信息。

序号	拆卸步骤	注意事项
1		
2		
3		
4		

3．请完成手动变速器的检测操作流程，并记录信息。

（1）所有齿轮和轴承的检查。

<table>
<tr><td rowspan="5"></td><td colspan="2">目视检查内容：</td></tr>
<tr><td rowspan="3">轴承和内座圈间隙</td><td>测量值：__________</td></tr>
<tr><td>维修手册标准值：__________</td></tr>
<tr><td>维修手册磨损极限值：__________</td></tr>
<tr><td>结果判断</td><td>□继续使用　　□更换</td></tr>
</table>

续表

四、计划实施	成绩：

（2）输入轴和输出轴的检查。

<table>
<tr><td rowspan="6">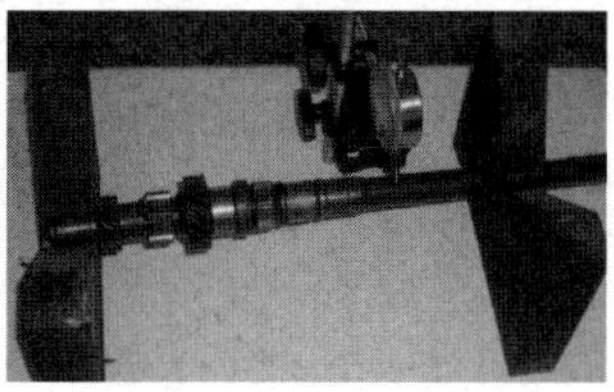</td><td rowspan="3">输入轴的检查</td><td>外观检查：__________</td></tr>
<tr><td>径向圆跳动量：测量值________，极限值________</td></tr>
<tr><td>结果判断：□继续使用　□更换</td></tr>
<tr><td rowspan="3">输出轴的检查</td><td>外观检查：__________</td></tr>
<tr><td>径向圆跳动量：测量值________，极限值________</td></tr>
<tr><td>结果判断：□继续使用　□更换</td></tr>
</table>

（3）同步器的检查。

<table>
<tr><td rowspan="3"></td><td>外观检查</td><td></td></tr>
<tr><td>同步环间隙</td><td>测量值________，极限值________</td></tr>
<tr><td>结果判断</td><td>□继续使用　□更换</td></tr>
</table>

4．请完成手动变速器的装复操作流程，并记录信息。

序号	装复步骤	注意事项
1		
2		
3		
4		

五、质量检查	成绩：

请实训指导教师检查作业结果，并针对实训过程中出现的问题提出改进措施及建议。

序号	评价标准	评价结果
1	规范完成手动变速器检修前的准备工作	☆ ☆ ☆ ☆ ☆
2	规范完成手动变速器拆检操作流程	☆ ☆ ☆ ☆ ☆
3	正确如实记录变速器检测数据信息	☆ ☆ ☆ ☆ ☆
4	场地恢复及现场 5S 管理	☆ ☆ ☆ ☆ ☆
综合评价		

续表

六、评价反馈	成绩：
请根据自己在课堂中的实际表现进行自我反思和自我评价。 自我反思：____。 自我评价：____。	

任务 3 自动变速器检修

姓名		学号	
小组成员		组长姓名	
一、接受工作任务		成绩：	

企业工作任务

一辆______年生产的_______款自动挡科鲁兹轿车，在行驶中，车辆明显闯动，到修理厂进行修理。根据驾驶员反映该车一直正常，大约一周前发现加速行驶时有明显闯动，其他均正常。维修技术人员初步判断为自动变速器内部故障，需要对变速器进行拆检。请你根据本任务所学完成自动变速器的检查与总成的更换。

二、信息收集	成绩：

1．自动变速器的分类。自动变速器按结构、控制方式的不同，可以分为______自动变速器、自动变速器、_______自动变速器和双离合器式自动变速器。

2．自动变速器的使用。自动变速器的结构各不相同，挡位名称也差异较大，写出下表中各挡位的含义。

挡位代码	挡位名称	挡位代码	挡位名称
P		D	
R		2	
N		L	
能够启动的挡位			

续表

二、信息收集	成绩：

3．自动变速器结构认知分析。请在图中横线处写出变速器各组成部分的名称。

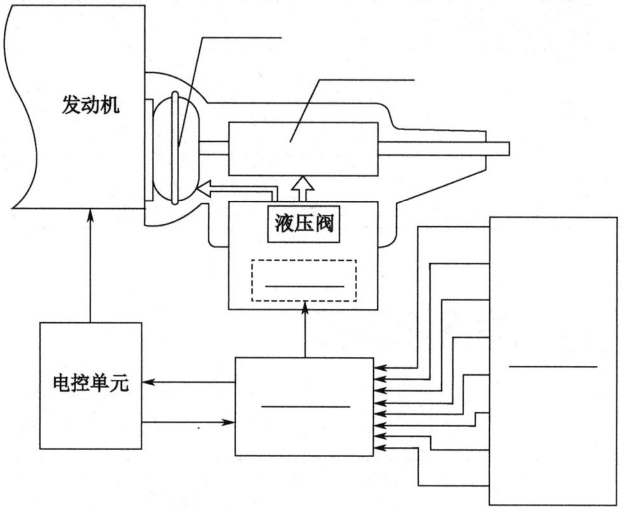

4．自动变速器零部件认知。请写出液力变矩器示意图中各数字代号的含义。

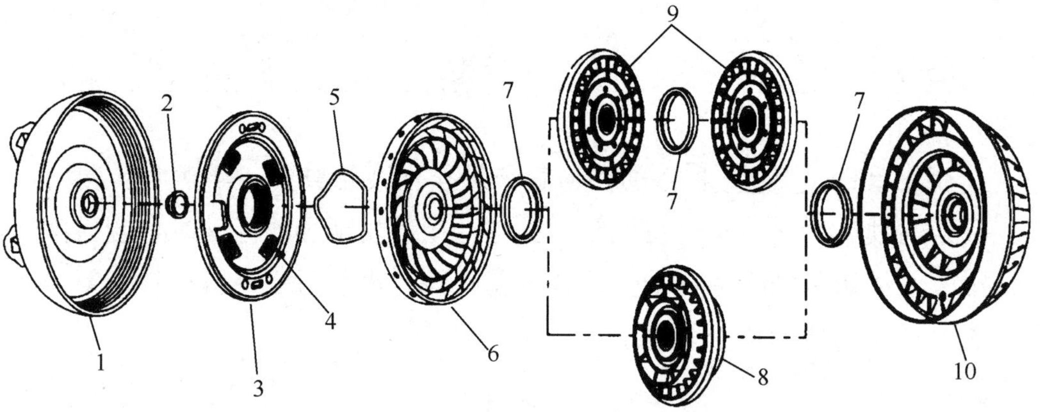

数字代号	含义	数字代号	含义
1		6	
2		7	
3		8	
4		9	
5		10	

三、制订计划	成绩：

1．请根据自动变速器检修流程的要求，制订作业计划。

操作流程		
序号	作业项目	注意事项
1		
2		

续表

三、制订计划	成绩：

续表

序号	作业项目	注意事项
3		
4		
5		
计划审核	审核意见：______ ______ ____年____月____日　　签字：______	

2．请根据作业计划，完成小组成员任务分工。

操作人		记录员	
监护人		展示员	

作业注意事项
①实训前须检查车辆是否停放到位，举升装置是否安全有效。 ②实训时远离火源及可燃物，保证场地通风，避开雨雪天气。 ③自动变速器拆装时，须确保场地无油污，工具规格相符。 ④拆检过程中严格遵守课堂纪律，严禁私自乱动举升装置。

检测设备/工具/材料			
序号	名称	数量	清点
			□已清点
			□已清点
			□已清点
			□已清点
			□已清点

四、计划实施	成绩：

1．请完成自动变速器检修前的基本检查，并记录信息。

（1）检查作业现场环境。

	作业内容：______ 作业结果：______

续表

四、计划实施	成绩：

（2）记录整车仪表信息。

	点火开关位置	□Start　□On　□ACC　□Lock
	行驶里程	________km
	车辆基本信息	VIN 码________________
		发动机号________________
		品牌________，车型________，颜色________

（3）维修作业前仪表工具检查。

	作业内容：________________ 作业结果：________________

（4）故障现象的确认。

	车辆路试	车速________，路况________
	故障现象	

（5）维修作业前实施车辆防护。

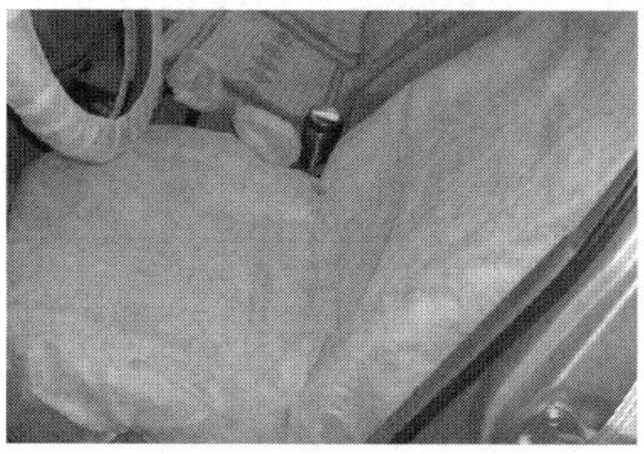	作业内容：________________ 作业结果：________________

2．请完成自动变速器的基本检查流程，并记录信息。

项目	序号	步骤	注意事项
油面的检查	1		
	2		
	3		
油质的检查	4		
	5		
	6		

续表

四、计划实施	成绩：

3．请完成自动变速器的拆卸流程，并记录信息。

序号	拆卸步骤	注意事项
1		
2		
3		
4		
5		
6		

4．请完成自动变速器的装复操作流程，并记录信息。

序号	装复步骤	注意事项
1		
2		
3		
4		
5		
6		

五、质量检查	成绩：

请实训指导教师检查作业结果，并针对实训过程中出现的问题提出改进措施及建议。

序号	评价标准	评价结果
1	规范完成自动变速器检修前的准备工作	☆ ☆ ☆ ☆ ☆
2	规范完成自动变速器拆检操作流程	☆ ☆ ☆ ☆ ☆
3	正确如实记录自动变速器检测数据信息	☆ ☆ ☆ ☆ ☆
4	场地恢复及现场 5S 管理	☆ ☆ ☆ ☆ ☆
综合评价		

六、评价反馈	成绩：

请根据自己在课堂中的实际表现进行自我反思和自我评价。

自我反思：________________________________

____

自我评价：________________________________

____

任务4 万向传动装置检修

姓名		学号	
小组成员		组长姓名	

一、接受工作任务 成绩：

企业工作任务

一辆______年生产的_______款手动挡_______轿车，在行驶中有异响，到修理厂进行维修。根据驾驶员反映该车在低速行驶时异响较小，但随着车速升高，车辆的异响声也会加大。维修技术人员初步判断为万向传动装置故障，需要对万向传动装置进行拆检。请你根据本任务所学完成万向传动装置的检查与总成的更换。

二、信息收集 成绩：

1．万向传动装置的功用是能在轴间夹角及相互位置经常发生______的两转轴之间传递_______。

2．万向传动装置主要包括________和_______，对于传动距离较远的分段式传动轴，为了提高传动轴的刚度，还设置有__________。

3．在汽车上使用的万向节可以从不同的角度分类。按其刚度大小，可分为_____万向节和万向节。刚性万向节按其速度特性分为_______万向节、______万向节和_____万向节。

4．十字轴式万向节结构认知。请写出万向节各组成部分的名称。

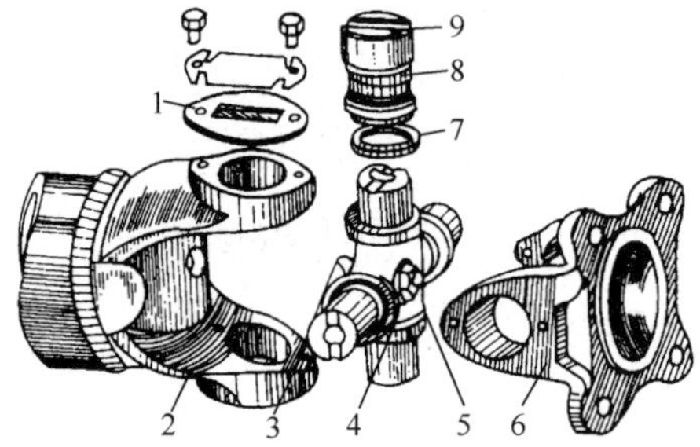

数字代号	组成部分名称	数字代号	组成部分名称
1		6	
2		7	
3		8	
4		9	
5			

续表

二、信息收集	成绩：

5．球笼式万向节零部件认知。请写出球笼式万向节结构示意图中各数字所对应的零部件名称。

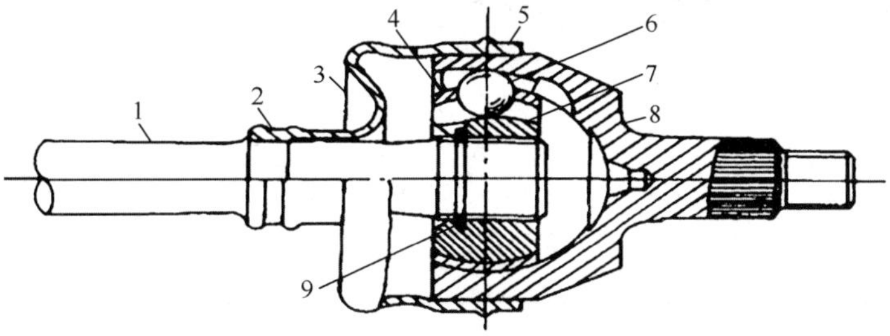

数字代号	零部件名称	数字代号	零部件名称
1		6	
2		7	
3		8	
4		9	
5			

三、制订计划	成绩：

1．请根据万向传动装置检修流程的要求，制订作业计划。

操作流程		
序号	作业项目	注意事项
1		
2		
3		
4		
5		
计划审核	审核意见：________________ ________________ ____年____月____日　　签字：________	

2．请根据作业计划，完成小组成员任务分工。

操作人		记录员	
监护人		展示员	
作业注意事项			
①实训前需检查车辆是否停放到位，举升装置是否安全有效。 ②实训时远离火源及可燃物，保证场地通风，避开雨雪天气。 ③万向传动装置拆装时，需确保场地无油污，工具规格相符。 ④拆检过程中严格遵守课堂纪律，严禁私自乱动举升装置。			

续表

三、制定计划	成绩：

续表

检测设备/工具/材料			
序号	名称	数量	清点
			□已清点
			□已清点
			□已清点
			□已清点
			□已清点
			□已清点

四、计划实施	成绩：

1．请完成万向传动装置检修前的基本检查，并记录信息。

（1）检查作业现场环境。

	作业内容：____________ 作业结果：____________

（2）记录整车仪表信息。

	点火开关位置	□Start □On □ACC □Lock
	行驶里程	____________km。
	车辆基本信息	VIN 码____________
		发动机号____________
		品牌__________，车型__________， 颜色__________

（3）维修作业前仪表工具检查。

	作业内容：____________ 作业结果：____________

续表

四、计划实施	成绩：

（4）故障现象的确认。

	车辆路试	车速__________，路况__________
	故障现象	

（5）维修作业前实施车辆防护。

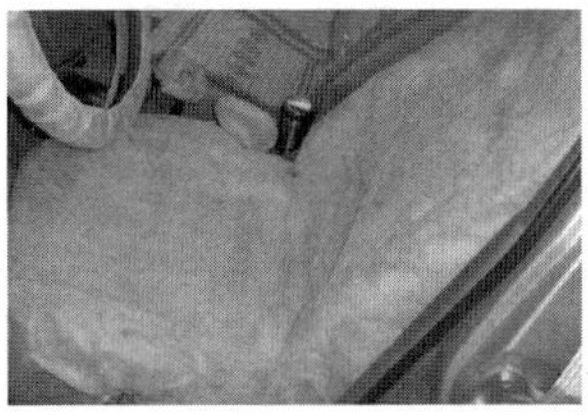	作业内容： ____________________ 作业结果： ____________________

2．请完成万向节的拆卸流程，并记录信息。

序号	拆卸步骤	注意事项
1		
2		
3		
4		

3．请完成万向节的装复操作流程，并记录信息。

序号	装复步骤	注意事项
1		
2		
3		
4		

五、质量检查	成绩：

请实训指导教师检查作业结果，并针对实训过程中出现的问题提出改进措施及建议。

序号	评价标准	评价结果
1	规范完成万向传动装置检修前的准备工作	☆ ☆ ☆ ☆ ☆
2	规范完成万向传动装置拆检操作流程	☆ ☆ ☆ ☆ ☆
3	正确如实记录检测数据信息	☆ ☆ ☆ ☆ ☆
4	场地恢复及现场 5S 管理	☆ ☆ ☆ ☆ ☆
综合评价		

续表

六、评价反馈	成绩：
请根据自己在课堂中的实际表现进行自我反思和自我评价。 自我反思：____ ____。 自我评价：____ ____。	

任务 5 驱动桥检修

姓名		学号	
小组成员		组长姓名	
一、接受工作任务		成绩：	
企业工作任务 一辆________年生产的________款手动挡科鲁兹轿车，在行驶中有异响，到修理厂进行维修。根据驾驶员反映该车在低速行驶时异响较小，但随着车速升高，车辆的异响声也会加大。维修技术人员初步判断为驱动桥故障，需要对驱动桥进行拆检。请你根据本任务所学完成驱动桥的检查与相关总成的更换。			
二、信息收集		成绩：	
1．驱动桥一般是由________、________、________、桥壳等组成，驱动桥是传动系的最后一个________。 2．驱动桥的功用是将由万向传动装置传来的发动机______传给________，并经________、改变动力传动方向，使汽车行驶，而且允许左右驱动车轮以______的转速旋转。 3．主减速器的类型。 （1）按参加传动的齿轮副数目，可分为________主减速器和________主减速器。目前，在轿车中主要是应用________主减速器。 （2）按主减速器个数，可分为______式和______式主减速器。 （3）按齿轮副结构形式，可分为_____齿轮式主减速器和_____齿轮式主减速器。			

续表

二、信息收集	成绩：

4．驱动桥结构认知。请在下表中写出驱动桥各组成部分的名称。

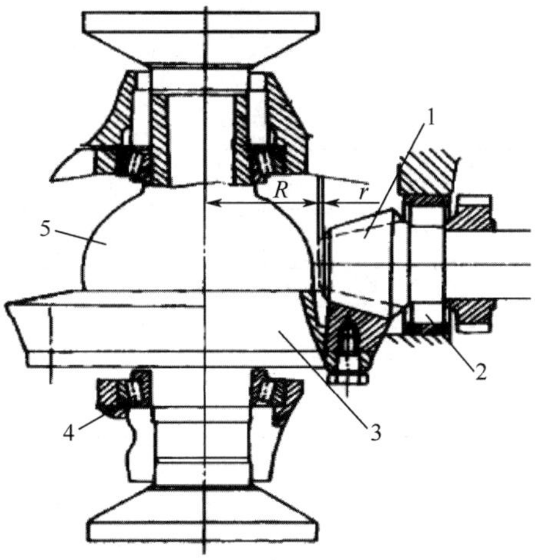

数字代号	组成部分的名称	数字代号	组成部分的名称
1		4	
2		5	
3			

5．差速器零部件认知。请写出差速器结构示意图中各数字所代表的零部件名称。

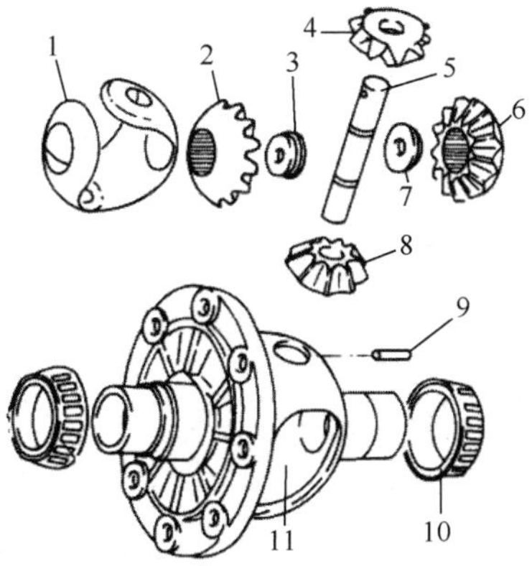

数字代号	零部件名称	数字代号	零部件名称
1		7	
2		8	
3		9	
4		10	
5		11	
6			

续表

三、制定计划	成绩：

1．请根据驱动桥检修流程的要求，制定作业计划。

操作流程		
序号	作业项目	注意事项
1		
2		
3		
4		
5		
计划审核	审核意见：________________。 ____年____月____日　签字：________	

2．请根据作业计划，完成小组成员任务分工。

操作人		记录员	
监护人		展示员	

作业注意事项
①实训前需检查车辆是否停放到位，举升装置是否安全有效。 ②实训时远离火源及可燃物，保证场地通风，避开雨雪天气。 ③驱动桥拆装时，需确保场地无油污，工具规格相符。 ④拆检过程中严格遵守课堂纪律，严禁私自乱动举升装置。

检测设备/工具/材料			
序号	名称	数量	清点
			□已清点
			□已清点
			□已清点
			□已清点
			□已清点

四、计划实施	成绩：

1．请完成驱动桥检修前的基本检查，并记录信息。

（1）检查作业现场环境。

	作业内容：________________ 作业结果：________________

续表

四、计划实施	成绩：

（2）记录整车仪表信息。

	点火开关位置	□Start　□On　□ACC　□Lock
	行驶里程	______km
	车辆基本信息	VIN 码______
		发动机号______。
		品牌______，车型______，颜色______

（3）维修作业前仪表工具检查。

	作业内容： ______ 作业结果： ______

（4）故障现象的确认。

	车辆路试	车速______，路况______
	故障现象	

（5）维修作业前实施车辆防护。

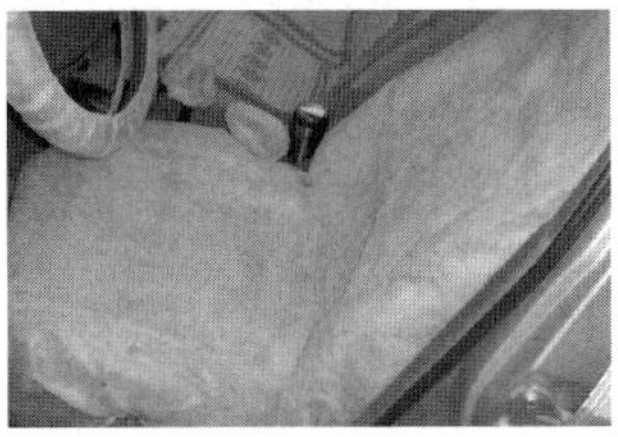	作业内容： ______ 作业结果： ______

2．请完成驱动桥的拆卸流程，并记录信息。

序号	拆卸步骤	注意事项
1		
2		
3		
4		

续表

四、计划实施	成绩：

3．请完成驱动桥的检测操作流程，并记录信息。

（1）主减速器的调整。

<table>
<tr><td rowspan="4">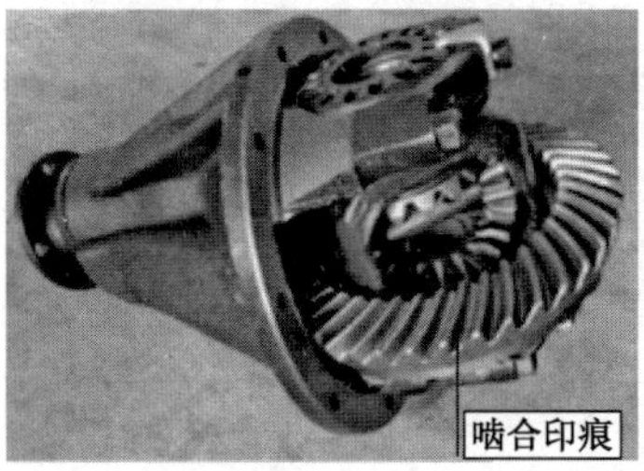
</td><td>主动锥齿轮的调整：</td><td></td></tr>
<tr><td rowspan="2">从动锥齿轮的调整：</td><td>轴承预紧度的调整：</td></tr>
<tr><td>啮合间隙调整：</td></tr>
<tr><td>主减速器调整注意事项：</td><td></td></tr>
</table>

（2）半轴的检修。

<table>
<tr><td rowspan="3"></td><td>外观检查：________________________。</td></tr>
<tr><td>径向圆跳动误差：测量值______________，
极限值_________。</td></tr>
<tr><td>根据检查结果判断是否需要更换：□否　　□是</td></tr>
</table>

（3）桥壳的检修。

<table>
<tr><td rowspan="3"></td><td>外观检查：________________________。</td></tr>
<tr><td>轴颈的径向圆跳动：</td></tr>
<tr><td>根据检查结果判断是否需要更换：□否　　□是</td></tr>
</table>

4．请完成驱动桥的装复操作流程，并记录信息。

序号	装复步骤	注意事项
1		
2		
3		
4		

五、质量检查	成绩：

请实训指导教师检查作业结果，并针对实训过程中出现的问题提出改进措施及建议。

序号	评价标准	评价结果
1	规范完成驱动桥检修前的准备工作	☆ ☆ ☆ ☆ ☆
2	规范完成驱动桥拆检操作流程	☆ ☆ ☆ ☆ ☆

续表

五、质量检查		成绩：
		续表
序号	评价标准	评价结果
3	正确如实记录驱动桥检测数据信息	☆ ☆ ☆ ☆ ☆
4	场地恢复及现场 5S 管理	☆ ☆ ☆ ☆ ☆
综合评价		
六、评价反馈		成绩：

请根据自己在课堂中的实际表现进行自我反思和自我评价。

自我反思：____

____。

自我评价：____

____。

项目三

汽车行驶系统检修

任务1 车架与车桥检修

<table>
<tr><td>姓名</td><td></td><td>学号</td><td></td></tr>
<tr><td>小组成员</td><td></td><td>组长姓名</td><td></td></tr>
<tr><td colspan="2">一、接受工作任务</td><td colspan="2">成绩：</td></tr>
<tr><td colspan="4">企业工作任务
一辆________年生产的_______款________轿车，车辆曾出现过重大交通事故，修复后根据驾驶员反映该车在颠簸的路面上行驶时，有明显异响，并且有明显的行驶跑偏，到修理厂进行修理。维修技术人员初步判断为车架故障，需要对车架进行检修。请你根据本任务所学完成车架的检查与维修。</td></tr>
<tr><td colspan="2">二、信息收集</td><td colspan="2">成绩：</td></tr>
<tr><td colspan="4">1．车架的功用：一是支承、连接汽车各_________、_________；二是承受车内、外各种________的作用。
2．汽车上采用的车架有四种类型：________车架、中梁式车架、_________车架和无梁式车架。目前汽车上多采用_________车架和_________车架。
3．车桥位于_____与_______之间，其两端安装车轮，通过_____与车架相连，其功用是传递车架与车轮之间各种_________的作用。车桥按悬架结构不同，可分为_________和_________两种。</td></tr>
</table>

续表

二、信息收集	成绩：

4．转向桥结构认知。请在下表中写出转向桥各组成部分的名称。

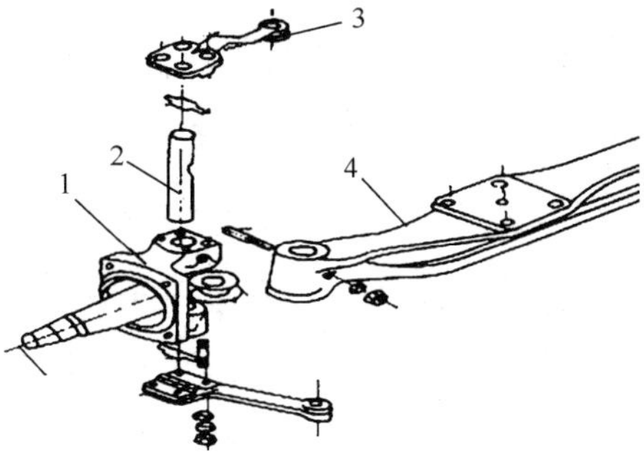

数字代号	组成部分名称	数字代号	组成部分名称
1		3	
2		4	

5．转向驱动桥零部件认知。请在图中横线处写出转向驱动桥结构示意图中零部件的名称。

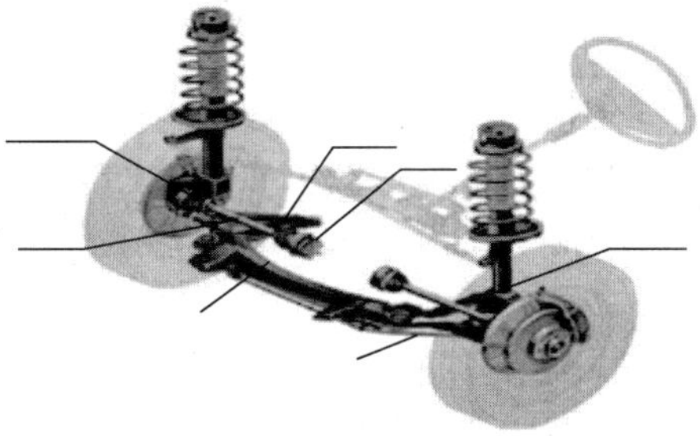

三、制定计划	成绩：

1．请根据车架与车桥检修流程的要求，制定作业计划。

操作流程		
序号	作业项目	注意事项
1		
2		
3		
4		
5		
计划审核	审核意见： ____________________ ____年____月____日　　签字：________	

续表

三、制定计划	成绩：

2．请根据作业计划，完成小组成员任务分工。

操作人		记录员	
监护人		展示员	

作业注意事项

①实训前需检查车辆是否停放到位，举升装置是否安全有效。

②实训时远离火源及可燃物，保证场地通风，避开雨雪天气。

③车架与车桥拆装时，需确保场地无油污，工具规格相符。

④拆检过程中严格遵守课堂纪律，严禁私自乱动举升装置。

检测设备/工具/材料

序号	名称	数量	清点
			□已清点
			□已清点
			□已清点
			□已清点
			□已清点

四、计划实施	成绩：

1．请完成车架与车桥检修前的基本检查，并记录信息。

（1）检查作业现场环境。

作业内容：________________________________

作业结果：________________________________

（2）记录整车仪表信息。

点火开关位置	□Start □On □ACC □Lock
行驶里程	____________Km
车辆基本信息	VIN 码________________________
	发动机号________________________
	品牌__________，车型__________，颜色______

续表

四、计划实施	成绩：

（3）维修作业前仪表工具检查。

	作业内容： ________________________ 作业结果： ________________________

（4）故障现象的确认。

	车辆路试	车速__________，路况__________
	故障现象	

（5）维修作业前实施车辆防护。

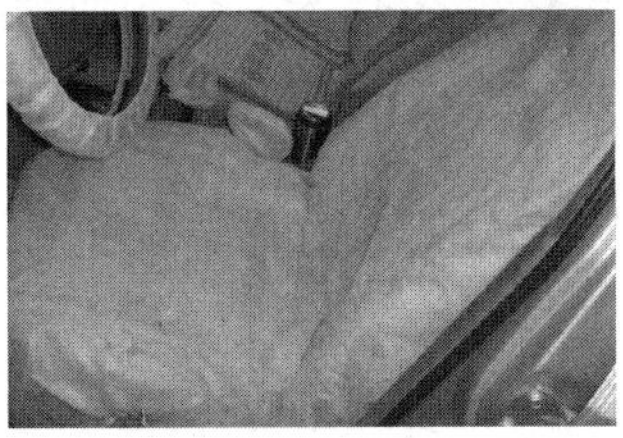	作业内容： ________________________ 作业结果： ________________________

2．请完成车架与车桥的拆卸流程，并记录信息。

序号	拆卸步骤	注意事项
1		
2		
3		

3．请完成车架与车桥的检测操作流程，并记录信息。

（1）前轴的检修。

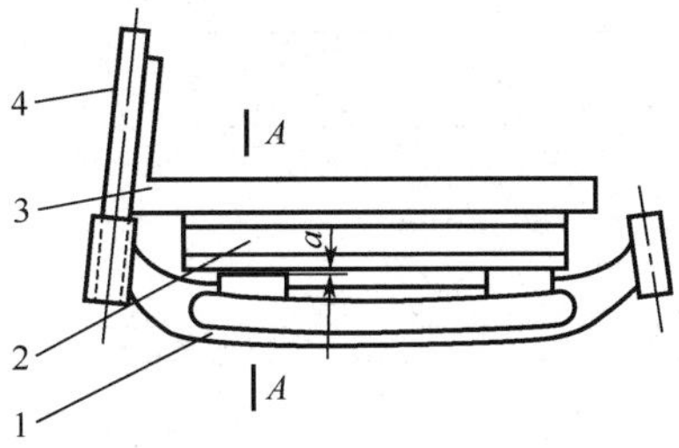	前轴的磨损：	测量值_____，极限值______。
	前轴变形的检修方法	1．______________； 2．______________。
	检查结果判断	□更换　□校正　□继续使用

续表

四、计划实施	成绩：

（2）转向节的检修。

	隐伤的检验	□更换　□继续使用
	磨损的检修	轴颈直径：测量值____；极限值____。
		配合间隙：测量值____；极限值____。
	根据检查结果判断是否需要更换：□否　□是	

4．请完成车架与车桥的装复操作流程，并记录信息。

序号	装复步骤	注意事项
1		
2		
3		

五、质量检查	成绩：

请实训指导教师检查作业结果，并针对实训过程中出现的问题提出改进措施及建议。

序号	评价标准	评价结果
1	规范完成车架与车桥检修前的准备工作	☆ ☆ ☆ ☆ ☆
2	规范完成车架与车桥拆检操作流程	☆ ☆ ☆ ☆ ☆
3	正确如实记录车架与车桥检测数据信息	☆ ☆ ☆ ☆ ☆
4	场地恢复及现场 5S 管理	☆ ☆ ☆ ☆ ☆
综合评价		

六、评价反馈	成绩：

请根据自己在课堂中的实际表现进行自我反思和自我评价。

自我反思：____

____。

自我评价：____

____。

任务 2 悬架检修

姓名		学号	
小组成员		组长姓名	

一、接受工作任务	成绩：

企业工作任务

一辆_______年生产的_____款________轿车，车辆在颠簸的路面上行驶时，有明显异响，并且车辆倾斜较为严重，到修理厂进行修理。根据驾驶员反映该车开始时，仅在颠簸的路面上行驶时有异响，经过几月后又发现车辆倾斜严重。维修技术人员初步判断为悬架故障，需要对悬架进行检修。请你根据本任务所学完成悬架的检查与维修。

二、信息收集	成绩：

1．悬架一般由________、________、导向机构等组成，汽车悬架有______悬架和_____悬架两种类型。

2．汽车上常用的弹性元件包括_______弹簧、______弹簧、扭杆弹簧和气体弹簧等。

3．目前汽车上应用最广泛的是_________式减振器，近年来，在高级轿车上有的采用减振器。

4．独立悬架结构认知。请在下表中写出独立悬架各组成部分的名称。

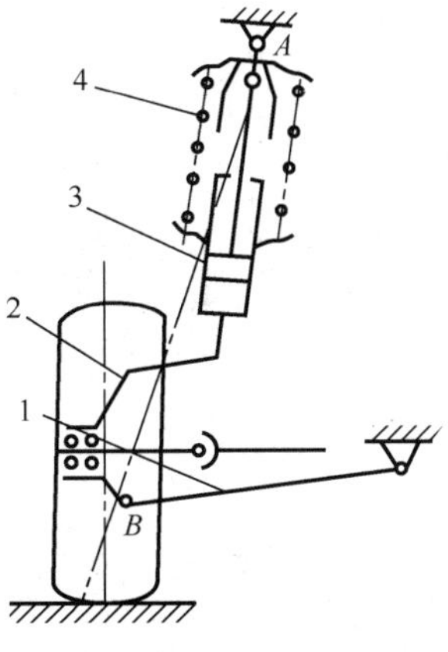

数字代号	组成部分名称	数字代号	组成部分名称
1		3	
2		4	

续表

三、制定计划	成绩：

1．请根据悬架检修流程的要求，制定作业计划。

操作流程		
序号	作业项目	注意事项
1		
2		
3		
计划审核	审核意见：________ ________ ____年____月____日　　签字：________	

2．请根据作业计划，完成小组成员任务分工。

操作人		记录员	
监护人		展示员	

作业注意事项
①实训前需检查车辆是否停放到位，举升装置是否安全有效。 ②实训时远离火源及可燃物，保证场地通风，避开雨雪天气。 ③悬架拆装时，需确保场地无油污，工具规格相符。 ④拆检过程中严格遵守课堂纪律，严禁私自乱动举升装置。

检测设备/工具/材料			
序号	名称	数量	清点
			□已清点
			□已清点
			□已清点
			□已清点
			□已清点

四、计划实施	成绩：

1．请完成悬架检修前的基本检查，并记录信息。

（1）检查作业现场环境。

	作业内容：________ 作业结果：________

续表

<table>
<tr><td>四、计划实施</td><td>成绩：</td></tr>
</table>

（2）记录整车仪表信息。

<table>
<tr><td rowspan="5"></td><td>点火开关位置</td><td>□Start　□On　□ACC　□Lock</td></tr>
<tr><td>行驶里程</td><td>__________km</td></tr>
<tr><td rowspan="3">车辆基本信息</td><td>VIN 码__________</td></tr>
<tr><td>发动机号__________</td></tr>
<tr><td>品牌__________，车型__________，颜色__________</td></tr>
</table>

（3）维修作业前仪表工具检查。

<table>
<tr><td></td><td>作业内容：
____
作业结果：
__________</td></tr>
</table>

（4）故障现象的确认。

<table>
<tr><td rowspan="2"></td><td>车辆路试</td><td>车速__________，路况__________</td></tr>
<tr><td>故障现象</td><td></td></tr>
</table>

（5）维修作业前实施车辆防护。

<table>
<tr><td>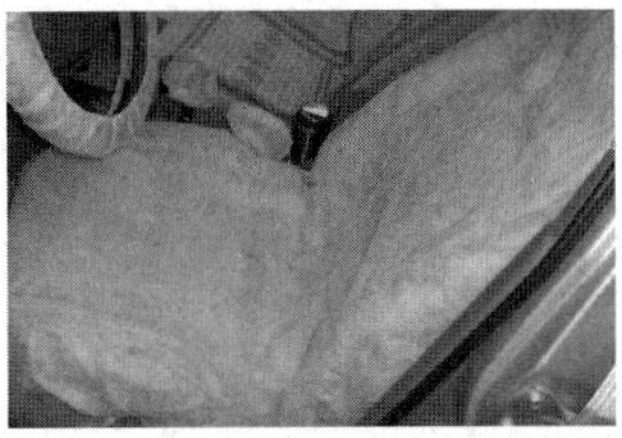</td><td>作业内容：
____
作业结果：
__________</td></tr>
</table>

2．请完成悬架的拆卸流程，并记录信息。

序号	拆卸步骤	注意事项
1		
2		
3		

续表

四、计划实施	成绩：

3．请完成悬架的检修操作流程，并记录信息。

（1）减振器的检修。

	外观检查	□正常	□异常	
	是否存在漏油	□正常	□异常	
	阻尼状况检查	伸张行程：	□正常	□异常
		压缩行程：	□正常	□异常
	检查结果判断	□更换	□校正	□继续使用

（2）弹性元件的检修。

	螺旋弹簧的外观检查	□更换	□继续使用
	扭杆弹簧的外观检查	□更换	□继续使用
	根据检查结果判断是否需要更换：□否　　□是		

4．请完成悬架的装复操作流程，并记录信息。

序号	装复步骤	注意事项
1		
2		
3		

五、质量检查	成绩：

请实训指导教师检查作业结果，并针对实训过程中出现的问题提出改进措施及建议。

序号	评价标准	评价结果
1	规范完成悬架检修前的准备工作	☆ ☆ ☆ ☆ ☆
2	规范完成悬架拆检操作流程	☆ ☆ ☆ ☆ ☆
3	正确如实记录悬架检测数据信息	☆ ☆ ☆ ☆ ☆
4	场地恢复及现场 5S 管理	☆ ☆ ☆ ☆ ☆
综合评价		

六、评价反馈	成绩：

请根据自己在课堂中的实际表现进行自我反思和自我评价。

自我反思：____。

自我评价：____。

任务 3 车轮检修

姓名		学号	
小组成员		组长姓名	

一、接受工作任务	成绩：

企业工作任务

一辆______年生产的_______款_______轿车，在任何路面上行驶时，都有明显异响，到修理厂进行修理。维修技术人员初步判断为车轮故障，需要对车轮进行检修。请你根据本任务所学完成车轮的检查与维修。

二、信息收集	成绩：

1. 汽车车轮由_________和__________两大部分组成，是汽车行驶系的重要部件。
2. 车轮是介于轮胎和车桥之间承受负荷的旋转组件，其功用是安装__________，承受轮胎与车桥之间的各种________的作用。车轮一般由_______、_________和轮辐组成。
3. 按轮辐结构的不同，车轮可以分为：________式车轮和_______式车轮。
4. 按轮胎内空气压力的大小，轮胎可以分为_____胎（0.5～0.7MPa）、低压胎（_________MPa）和______胎（0.2MPa 以下）。
5. 按胎体帘布层结构的不同，轮胎可以分为__________轮胎和_________线轮胎。目前，线轮胎在汽车上广泛应用。
6. 车轮结构认知。请在下表中写出车轮各组成部分的名称。

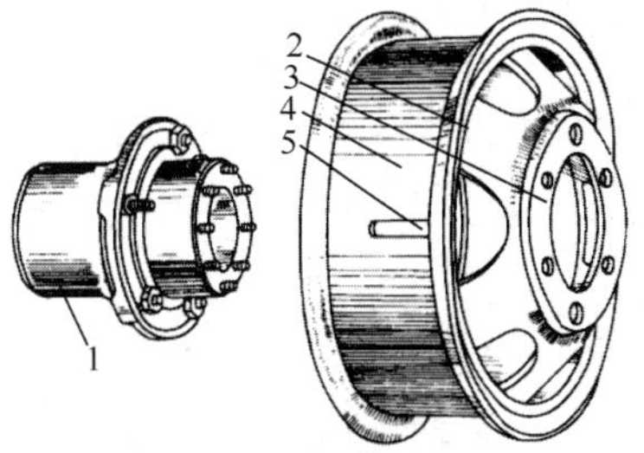

数字代号	组成部分名称	数字代号	组成部分名称
1		4	
2		5	
3			

续表

二、信息收集	成绩：

7. 轮胎结构认知。请在下表中写出轮胎各组成部分的名称。

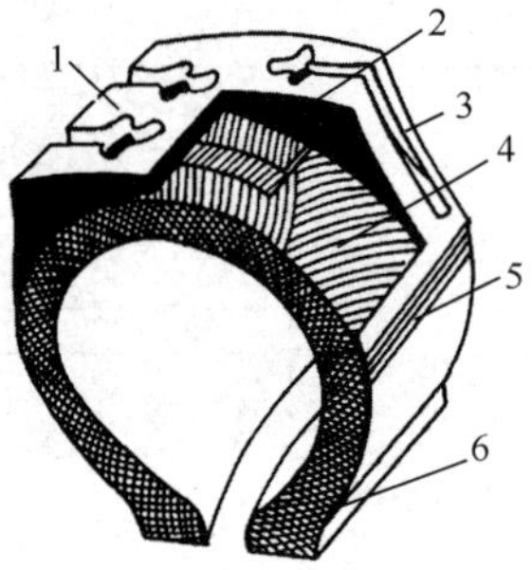

数字代号	组成部分名称	数字代号	组成部分名称
1		4	
2		5	
3		6	

三、制定计划	成绩：

1. 请根据车轮检修流程的要求，制定作业计划。

操作流程		
序号	作业项目	注意事项
1		
2		
3		
4		
计划审核	审核意见：________________ ________________ ____年____月____日　　签字：________	

2. 请根据作业计划，完成小组成员任务分工。

操作人		记录员	
监护人		展示员	

作业注意事项

①实训前需检查车辆是否停放到位，举升装置是否安全有效。

②实训时远离火源及可燃物，保证场地通风，避开雨雪天气。

③车轮拆装时，需确保场地无油污，工具规格相符。

④拆检过程中严格遵守课堂纪律，严禁私自乱动举升装置。

续表

三、制定计划	成绩：

续表

检测设备/工具/材料			
序号	名称	数量	清点
			□已清点
			□已清点
			□已清点
			□已清点
			□已清点

四、计划实施	成绩：

1．请完成车轮拆检前的基本检查，并记录信息。

（1）检查作业现场环境。

	作业内容：______ 作业结果：______

（2）记录整车仪表信息。

<table>
<tr><td rowspan="5"></td><td>点火开关位置</td><td>□Start　□On　□ACC　□Lock</td></tr>
<tr><td>行驶里程</td><td>______km</td></tr>
<tr><td rowspan="3">车辆基本信息</td><td>VIN 码______</td></tr>
<tr><td>发动机号______</td></tr>
<tr><td>品牌______，车型______，颜色______</td></tr>
</table>

（3）维修作业前仪表工具检查。

	作业内容：______ 作业结果：______

续表

四、计划实施	成绩：

（4）故障现象的确认。

	车辆路试	车速__________，路况__________
	故障现象	

（5）维修作业前实施车辆防护。

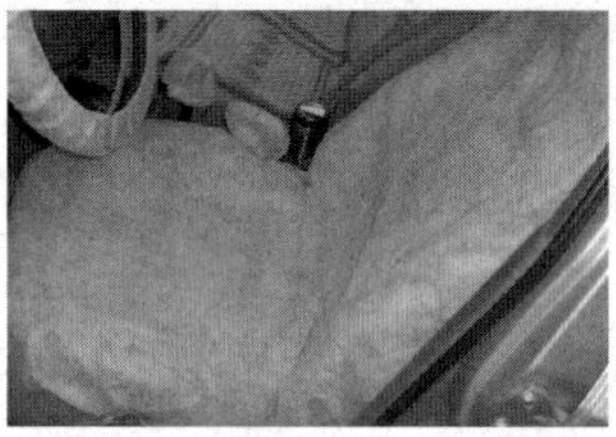	作业内容：____________________________ 作业结果：____________________________

2．请完成车轮的拆卸流程，并记录信息。

序号	拆卸步骤	注意事项
1		
2		
3		
4		

3．请完成车轮的检测操作流程，并记录信息。

（1）胎面花纹深度的检查。

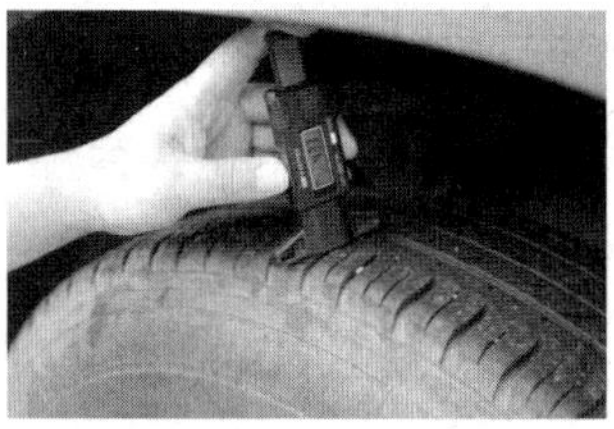	外观检查	□正常　　□异常
	磨损标记检查	□正常　　□异常
	轮胎花纹深度	测量值__________
		极限值__________
	检查结果判断	□更换　　□继续使用

（2）轮胎气压的检查。

	轮辋的外观检查	□更换　　□继续使用
	轮胎气压的检查	测量值________，标准值________
	检查结果判断	□更换　　□调整　　□继续使用

续表

四、计划实施	成绩：

4．请完成车轮动平衡的检测操作流程，并记录信息。

序号	检测步骤	注意事项
1		
2		
3		
4		

5．请完成车轮的装复操作流程，并记录信息。

序号	装复步骤	注意事项
1		
2		
3		
4		

五、质量检查	成绩：

请实训指导教师检查作业结果，并针对实训过程中出现的问题提出改进措施及建议。

序号	评价标准	评价结果
1	规范完成车轮检修前的准备工作	☆ ☆ ☆ ☆ ☆
2	规范完成车轮拆检操作流程	☆ ☆ ☆ ☆ ☆
3	正确如实记录车轮检测数据信息	☆ ☆ ☆ ☆ ☆
4	场地恢复及现场 5S 管理	☆ ☆ ☆ ☆ ☆
综合评价		

六、评价反馈	成绩：

请根据自己在课堂中的实际表现进行自我反思和自我评价。

自我反思：____

____。

自我评价：____

____。

任务 4 车轮定位

姓名		学号	
小组成员		组长姓名	
一、接受工作任务		**成绩：**	

企业工作任务

一辆______年生产的_____款________轿车，车辆在任何路面上行驶时，都有明显异响，到修理厂进行修理。维修技术人员初步判断为车轮定位故障，需要对车轮进行重新定位。请你根据本任务所学完成车轮定位。

二、信息收集	**成绩：**

1．车轮定位就是汽车的每个车轮、______和车桥与车架的安装应保持一定的相对位置。

2．车轮定位包括________、________、________及_______四个参数。

3．主销后倾是指主销安装在前轴上，其上端略________倾斜的现象。它的功用是形成___________，保证汽车的_______稳定性。有些汽车的主销后倾角很小，甚至为______。

4．主销内倾是指主销安装在前轴上，其上端略____________倾斜的现象。它的功用是使车轮_________，并使__________。

5．车轮外倾是指车轮安装后，其旋转平面上端_________倾斜现象。它的功用是转向操纵的和提高车轮工作的安全性。

6．定位参数认知。请在下表中写出定位参数的名称。

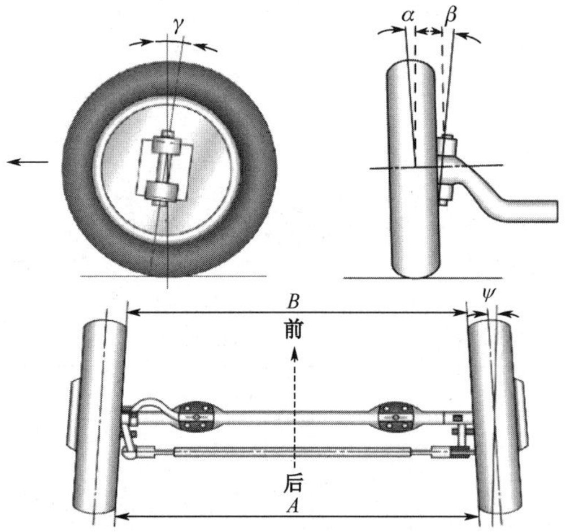

参数代号	参数名称	参数范围	参数代号	参数名称	参数范围
α			γ		
β			A-B		

续表

三、制定计划	成绩：

1. 请根据车轮定位流程的要求，制定作业计划。

操作流程		
序号	作业项目	注意事项
1		
2		
3		
4		
计划审核	审核意见：________________ ________________ ____年____月____日　　签字：________	

2. 请根据作业计划，完成小组成员任务分工。

操作人		记录员	
监护人		展示员	

作业注意事项
①实训前需检查车辆是否停放到位，举升装置是否安全有效。 ②实训时远离火源及可燃物，保证场地通风，避开雨雪天气。 ③车轮定位时，需确保场地无油污，工具规格相符。 ④拆检过程中严格遵守课堂纪律，严禁私自乱动举升装置。

检测设备/工具/材料			
序号	名称	数量	清点
			□已清点
			□已清点
			□已清点
			□已清点

四、计划实施	成绩：

1. 请完成车轮定位前的基本检查，并记录信息。

（1）检查作业现场环境。

	作业内容：________________ 作业结果：________________

续表

四、计划实施	成绩：

（2）记录整车仪表信息。

<table>
<tr><td rowspan="5"></td><td>点火开关位置</td><td>□Start　□On　□ACC　□Lock</td></tr>
<tr><td>行驶里程</td><td>________km</td></tr>
<tr><td rowspan="3">车辆基本信息</td><td>VIN 码________</td></tr>
<tr><td>发动机号________</td></tr>
<tr><td>品牌________，车型________，颜色________</td></tr>
</table>

（3）维修作业前仪表工具检查。

<table>
<tr><td></td><td>作业内容：
____
作业结果：
________</td></tr>
</table>

（4）故障现象的确认。

<table>
<tr><td rowspan="2"></td><td>车辆路试</td><td>车速________，路况________</td></tr>
<tr><td>故障现象</td><td></td></tr>
</table>

（5）车轮定位作业前实施车辆防护。

<table>
<tr><td>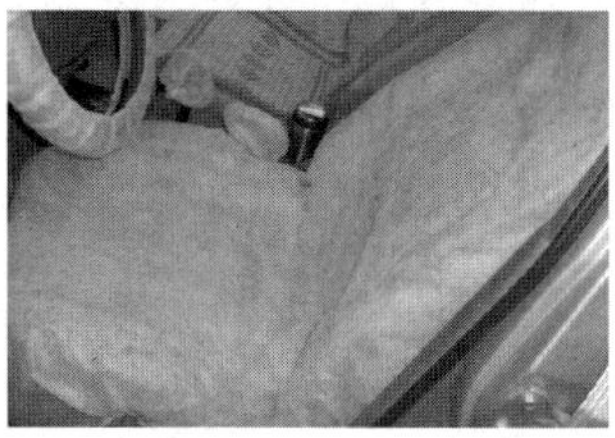</td><td>作业内容：
____
作业结果：
________</td></tr>
</table>

2．请完成车轮定位前检查准备流程，并记录信息。

序号	定位前检查准备步骤	注意事项
1		
2		
3		
4		

续表

四、计划实施	成绩：

3．请完成车轮定位的测量流程，并记录信息。

（1）前轮定位参数的测量。

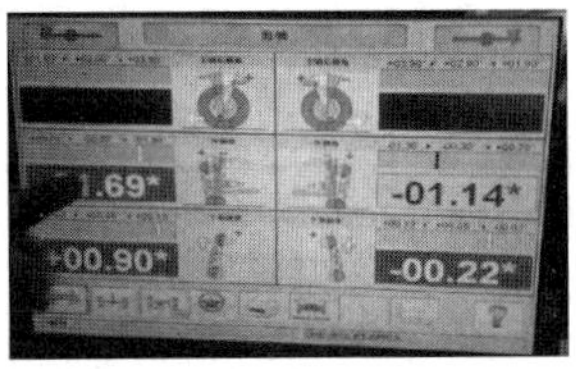	主销内倾角	左轮测量值___，标准值____	判断	□正常□异常
		右轮测量值___，标准值____	判断	□正常□异常
	主销后倾角	左轮测量值___，标准值____	判断	□正常□异常
		右轮测量值___，标准值____	判断	□正常□异常
	车轮外倾角	左轮测量值___，标准值____	判断	□正常□异常
		右轮测量值___，标准值____	判断	□正常□异常
	车轮前束值	左侧测量值___，标准值____	判断	□正常□异常
		右侧测量值___，标准值____	判断	□正常□异常

（2）后轮定位参数的测量。

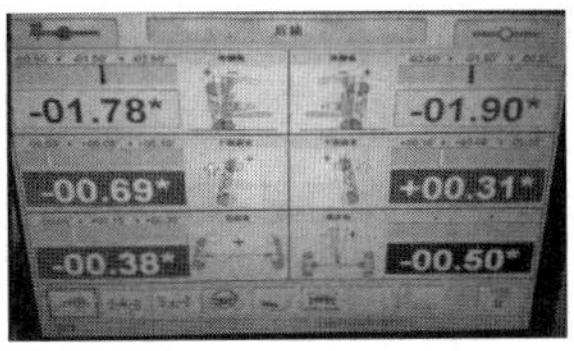	主销内倾角	左轮测量值____，标准值____	判断	□正常□异常
		右轮测量值____，标准值____	判断	□正常□异常
	主销后倾角	左轮测量值____，标准值____	判断	□正常□异常
		右轮测量值____，标准值____	判断	□正常□异常
	车轮外倾角	左轮测量值____，标准值____	判断	□正常□异常
		右轮测量值____，标准值____	判断	□正常□异常
	车轮前束值	左侧测量值____，标准值____	判断	□正常□异常
		右侧测量值____，标准值____	判断	□正常□异常

4．请完成车轮前束值的调整，并记录信息。

序号	调整步骤	注意事项
1		
2		
3		
4		

五、质量检查	成绩：

请实训指导教师检查作业结果，并针对实训过程中出现的问题提出改进措施及建议。

序号	评价标准	评价结果
1	规范完成车轮定位前的准备工作	☆ ☆ ☆ ☆ ☆
2	规范完成车轮定位的检查操作流程	☆ ☆ ☆ ☆ ☆
3	正确如实记录车轮定位检测数据信息	☆ ☆ ☆ ☆ ☆
4	规范完成车轮定位参数的调整工作	☆ ☆ ☆ ☆ ☆
5	场地恢复及现场 5S 管理	☆ ☆ ☆ ☆ ☆
综合评价		

续表

六、评价反馈	成绩：
请根据自己在课堂中的实际表现进行自我反思和自我评价。 自我反思：____。 自我评价：____。	

项目四

汽车转向系统检修

任务1 机械式转向系统检修

<table>
<tr><td>姓名</td><td></td><td>学号</td><td></td></tr>
<tr><td>小组成员</td><td></td><td>组长姓名</td><td></td></tr>
<tr><td colspan="2">一、接受工作任务</td><td colspan="2">成绩：</td></tr>
<tr><td colspan="4">企业工作任务
一辆_______年生产的_____款______乘用车，转向沉重，并且在转向时有异响，到修理厂进行修理。根据驾驶员反映，该车开始时，仅表现为转向沉重，并无异响，随着转向越发沉重，异响声也越来越大。维修技术人员初步判断为转向系统故障，需要对转向系统进行检修。请你根据本任务所学完成转向系统的检修。</td></tr>
<tr><td colspan="2">二、信息收集</td><td colspan="2">成绩：</td></tr>
<tr><td colspan="4">1．机械式转向系统由转向_________、_________和转向_________三大部分组成。
2．转向器的功用是承受由_____传到转向节的力和运动，增大并改变______，然后将其传给转向_____机构。
3．转向传动机构主要由转向_______、转向_______、转向节臂、转向_______等组成。
4．转向操纵机构，包括_______、_________、转向柱等，在一些远距离操纵机构中还设有_______。
5．转向梯形的作用是在汽车转向时，使左、右转向轮按一定的_____进行偏转，保证车轮做运动。
6．循环球式转向器结构认知。请在下表中写出各零部件的名称。</td></tr>
</table>

续表

二、信息收集	成绩：

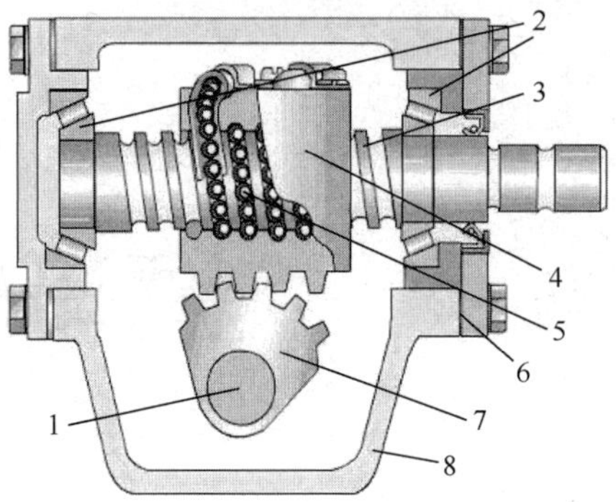

数字代号	零部件名称	数字代号	零部件名称	数字代号	零部件名称
1		4		7	
2		5		8	
3		6			

三、制定计划	成绩：

1．请根据机械式转向系统检修流程的要求，制定作业计划。

操作流程		
序号	作业项目	注意事项
1		
2		
3		
4		
计划审核	审核意见：________________。 ____年____月____日　　签字：________	

2．请根据作业计划，完成小组成员任务分工。

操作人		记录员	
监护人		展示员	
作业注意事项			
①实训前需检查车辆是否停放到位，举升装置是否安全有效。 ②实训时远离火源及可燃物，保证场地通风，避开雨雪天气。 ③机械式转向系统检修时，需确保场地无油污，工具规格相符。 ④拆检过程中严格遵守课堂纪律，严禁私自乱动举升装置。			
检测设备/工具/材料			
序号	名称	数量	清点
			□已清点
			□已清点

续表

三、制定计划	成绩：

续表

序号	名称	数量	清点
			□已清点
			□已清点
			□已清点

四、计划实施	成绩：

1. 请完成机械式转向系统检修前的基本检查，并记录信息。

（1）检查作业现场环境。

	作业内容：____________________ 作业结果：____________________

（2）记录整车仪表信息。

	行驶里程	__________km
	车辆基本信息	VIN 码____________________
		发动机号____________________
		品牌__________，车型________，颜色__________

（3）维修作业前仪表工具检查。

	作业内容：____________________ 作业结果：____________________

（4）故障现象的确认。

	车辆路试	车速__________，路况__________
	故障现象	

续表

四、计划实施	成绩：

（5）维修作业前实施车辆防护。

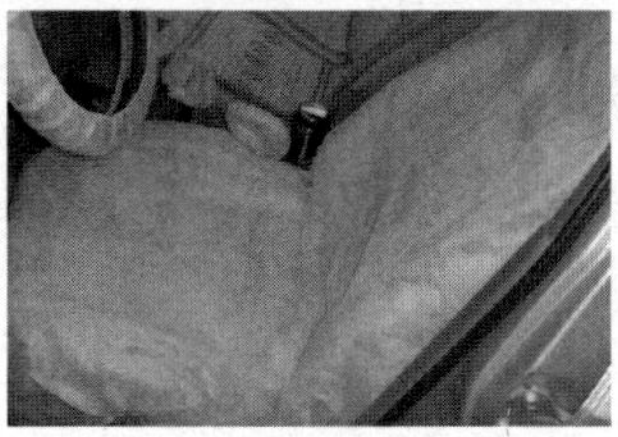	作业内容： ________________________________ 作业结果： ________________________________

2．请完成机械式转向系统的拆卸流程，并记录信息。

序号	拆卸步骤	注意事项
1		
2		
3		

3．请完成机械式转向系统零部件的检测流程，并记录信息。

（1）转向器的检查与调整。

	外观检查	□正常　□异常
	轴承预紧度	□正常　□异常
	传动副配合间隙	□正常　□异常
	检查结果判断	□调整　□继续使用

（2）转向传动机构的检查。

	外观检查	内容	________________；________________
		判断	□正常　□异常
	安装状况检查	□正常　□异常	
	检查结果判断	□调整　□继续使用	

4．请完成机械式转向系统的安装流程，并记录信息。

序号	安装步骤	注意事项
1		
2		
3		
4		

续表

五、质量检查		成绩：
请实训指导教师检查作业结果，并针对实训过程中出现的问题提出改进措施及建议。		
序号	评价标准	评价结果
1	规范完成机械式转向系统检修前的准备工作	☆ ☆ ☆ ☆ ☆
2	规范完成机械式转向系统零部件拆解操作流程	☆ ☆ ☆ ☆ ☆
3	正确如实记录机械式转向系统检测数据信息	☆ ☆ ☆ ☆ ☆
4	规范完成机械式转向系统零部件的安装工作	☆ ☆ ☆ ☆ ☆
5	场地恢复及现场 5S 管理	☆ ☆ ☆ ☆ ☆
综合评价		
六、评价反馈		成绩：
请根据自己在课堂中的实际表现进行自我反思和自我评价。 自我反思：____。 自我评价：____。		

任务 2 动力式转向系统检修

姓名		学号	
小组成员		组长姓名	
一、接受工作任务		成绩：	
企业工作任务 一辆______年生产的_____轿车，累计行驶________km，发动机在怠速运转时，转向助力泵发出“嗡嗡”响声，并且在左、右转动方向盘时异响加重。维修技术人员初步判断为转向系统故障，需要对转向系统进行检修。请你根据本任务所学完成动力式转向系统的检修。			
二、信息收集		成绩：	
1. 动力式转向系统是利用______的动力来辅助驾驶员进行转向操作的装置。它把发动机的能量转换为电能或_____能，然后通过一定的动力助力方式转换为机械能。 2. 动力式转向系统按辅助动力介质的不同分为______式、______式和______式。			

续表

二、信息收集	成绩：

3．液压助力转向系统形式众多，按照系统压力状态分为______式和______式。______式液压助力转向系统内总是保持高压状态，而________式液压助力转向系统只有在转向时，系统才有压力。

4．电动助力转向系统是利用______作为动力源，根据车速和转向参数等因素，由电子控制单元经运算后输出控制指令，控制_______将电能转换为______能，完成助力控制。

5．液压动力式转向系统认知。请在下表中写出各零部件的名称。

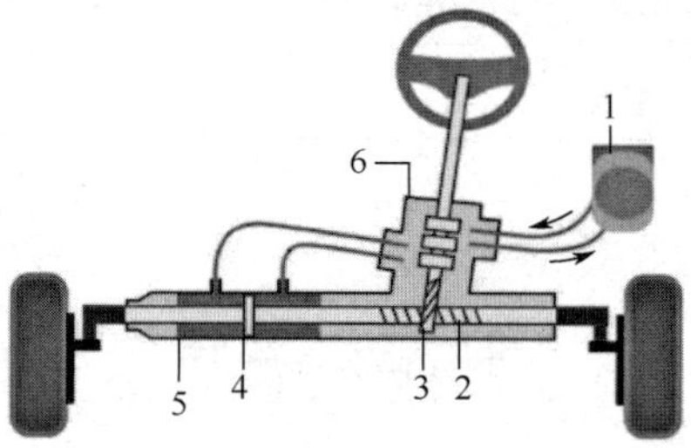

数字代号	零部件名称	数字代号	零部件名称	数字代号	零部件名称
1		3		5	
2		4		6	

三、制定计划	成绩：

1．请根据动力式转向系统检修流程的要求，制定作业计划。

操作流程		
序号	作业项目	注意事项
1		
2		
3		
4		
计划审核	审核意见：______________________________ ______________________________ ____年____月____日　　　签字：__________	

2．请根据作业计划，完成小组成员任务分工。

操作人		记录员	
监护人		展示员	
作业注意事项			
① 实训前需检查车辆是否停放到位，举升装置是否安全有效。 ② 实训时远离火源及可燃物，保证场地通风，避开雨雪天气。 ③ 在动力式转向系统检修时，需确保场地无油污，工具规格相符。 ④ 拆检过程中严格遵守课堂纪律，严禁私自乱动举升装置。			

续表

三、制定计划	成绩：

续表

检测设备/工具/材料			
序号	名称	数量	清点
			□已清点
			□已清点
			□已清点
			□已清点

四、计划实施	成绩：

1．请完成动力式转向系统检修前的基本检查，并记录信息。

（1）检查作业现场环境。

	作业内容：__________ 作业结果：__________

（2）记录整车仪表信息。

	行驶里程	________km
	车辆基本信息	VIN 码________
		发动机号________
		品牌________，车型________，颜色________

（3）维修作业前仪表工具检查。

	作业内容：__________ 作业结果：__________

（4）故障现象的确认。

	车辆路试	车速________，路况________
	故障现象	

续表

四、计划实施	成绩：

（5）维修作业前实施车辆防护。

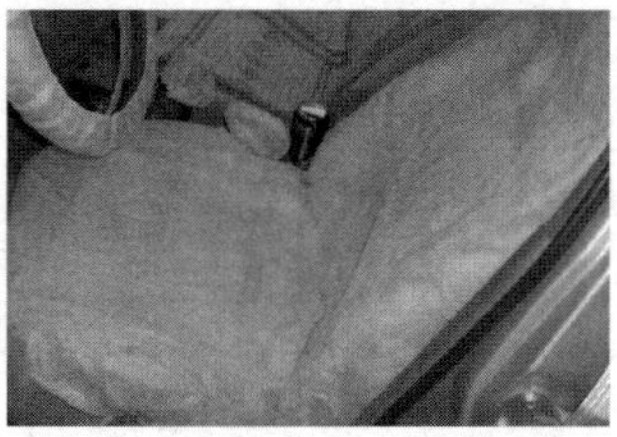	作业内容：________________________ 作业结果：________________________

2．请完成动力式转向系统的拆卸流程，并记录信息。

序号	拆卸步骤	注意事项
1		
2		
3		

3．请完成动力式转向系统检修内容，并记录信息。

（1）转向助力液液面的检查。

	检查前的作业	1．________________。 2．________________。
	液面高度	□正常　□异常
	检查结果判断	□调整　□继续使用

（2）皮带张紧力的检查。

	皮带外观检查	□正常　□异常
	安装状况检查	□正常　□异常
	检查结果判断	□调整　□继续使用

4．请完成动力式转向系统的装复流程，并记录信息。

序号	装复步骤	注意事项
1		
2		
3		
4		
5		

续表

五、质量检查		成绩：
请实训指导教师检查作业结果，并针对实训过程中出现的问题提出改进措施及建议。		
序号	评价标准	评价结果
1	规范完成动力式转向系统检修前的准备工作	☆ ☆ ☆ ☆ ☆
2	规范完成动力式转向系统零部件拆解操作流程	☆ ☆ ☆ ☆ ☆
3	正确如实记录动力式转向系统检测数据信息	☆ ☆ ☆ ☆ ☆
4	规范完成动力式转向系统零部件的安装工作	☆ ☆ ☆ ☆ ☆
5	场地恢复及现场 5S 管理	☆ ☆ ☆ ☆ ☆
综合评价		

六、评价反馈	成绩：
请根据自己在课堂中的实际表现进行自我反思和自我评价。	
自我反思：____ ____。 自我评价：____ ____。	

项目五

汽车制动系统检修

任务 1 液压式行车制动系统检修

<table>
<tr><td>姓名</td><td></td><td>学号</td><td></td></tr>
<tr><td>小组成员</td><td></td><td>组长姓名</td><td></td></tr>
<tr><td colspan="2">一、接受工作任务</td><td colspan="2">成绩：</td></tr>
<tr><td colspan="4">企业工作任务
一辆_______年产_______轿车，车辆没有配备 ABS，在行驶了______km 后，根据驾驶员反映，汽车在制动时需要将制动踏板踩到很低的位置才会有制动力。维修技术人员初步判断为制动系统故障，需要对制动系统进行检修。请你根据本任务所学完成液压式行车制动系统的检修。</td></tr>
<tr><td colspan="2">二、信息收集</td><td colspan="2">成绩：</td></tr>
<tr><td colspan="4">1. 液压式传动装置是利用_____作为传力介质，将驾驶员或其他动力源的作用力转换为____能，并通过液压式传动装置传到制动器，同时控制制动器的工作，从而获得所需的制动力矩的一系列装置。
2. 车轮制动器是产生阻碍车辆运动或运动趋势的力的部件。常见的有______制动器和______制动器。
3. 液压式传动装置主要由________、制动管路、制动器中的_______等组成。
4. 液压式传动装置常见的布置形式有____管路和____管路两种。
5. 制动主缸处于制动____与管路之间，其功用是将制动踏板输入的_____转换成_____。
6. 制动轮缸的作用是将制动主缸传来的_____力转变为使制动蹄张开的_____力。
7. 车轮制动器是使行驶中的车辆______或______的装置，有的也兼起______制动作用。
8. 液压式行车制动系统认知。请在下表中写出制动器各零部件的名称。</td></tr>
</table>

续表

二、信息收集	成绩：

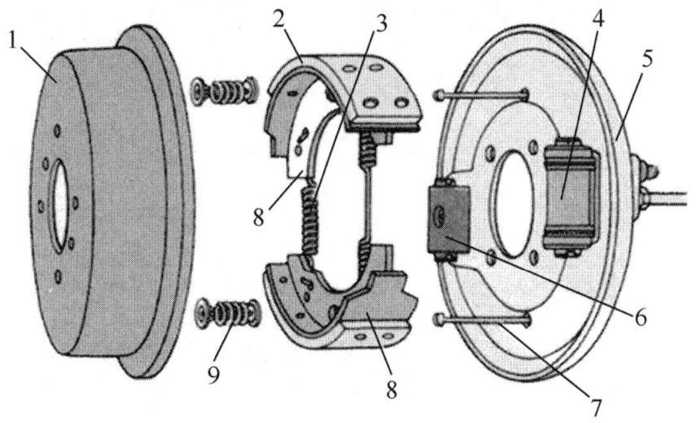

数字代号	零部件名称	数字代号	零部件名称	数字代号	零部件名称
1		4		7	
2		5		8	
3		6		9	

三、制定计划	成绩：

1．请根据液压式行车制动系统检修流程的要求，制定作业计划。

操作流程		
序号	作业项目	注意事项
1		
2		
3		
4		
计划审核	审核意见：________________ ________________ ____年____月____日 签字：________	

2．请根据作业计划，完成小组成员任务分工。

操作人		记录员	
监护人		展示员	
作业注意事项			

① 实训前需检查车辆是否停放到位，举升装置是否安全有效。

② 实训时远离火源及可燃物，保证场地通风，避开雨雪天气。

③ 在液压式行车制动系统检修时，需确保场地无油污，工具规格相符。

④ 拆检过程中严格遵守课堂纪律，严禁私自乱动举升装置。

续表

三、制定计划	成绩：

续表

检测设备/工具/材料			
序号	名称	数量	清点
			□已清点
			□已清点
			□已清点
			□已清点

四、计划实施	成绩：

1．请完成液压式行车制动系统检修前的基本检查，并记录信息。

（1）检查作业现场环境。

	作业内容：______ 作业结果：______

（2）记录整车仪表信息。

<table>
<tr><td rowspan="4"></td><td>行驶里程</td><td>______km</td></tr>
<tr><td rowspan="3">车辆基本信息</td><td>VIN 码______</td></tr>
<tr><td>发动机号______</td></tr>
<tr><td>品牌______，车型______，颜色______</td></tr>
</table>

（3）维修作业前仪表工具检查。

	作业内容：______ 作业结果：______

（4）故障现象的确认。

<table>
<tr><td rowspan="2"></td><td>车辆路试</td><td>车速______，路况______</td></tr>
<tr><td>故障现象</td><td></td></tr>
</table>

续表

四、计划实施	成绩：

（5）维修作业前实施车辆防护。

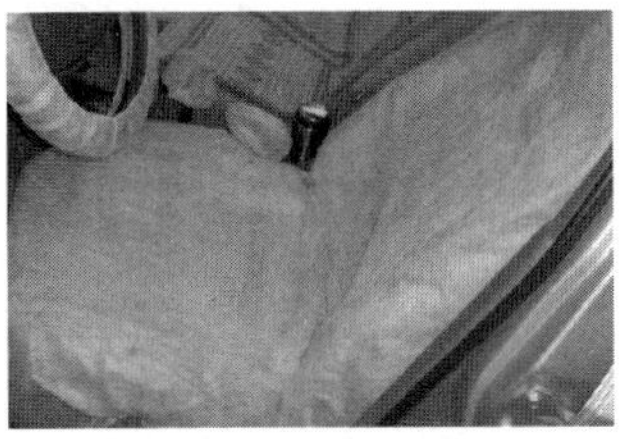	作业内容：______ 作业结果：______

2．请完成液压式行车制动系统的拆卸流程，并记录信息。

序号	拆卸步骤	注意事项
1		
2		
3		
4		
5		
6		

3．请完成液压式行车制动系统检修内容，并记录信息。

（1）盘式制动器的检修。

① 制动盘厚度的检查。

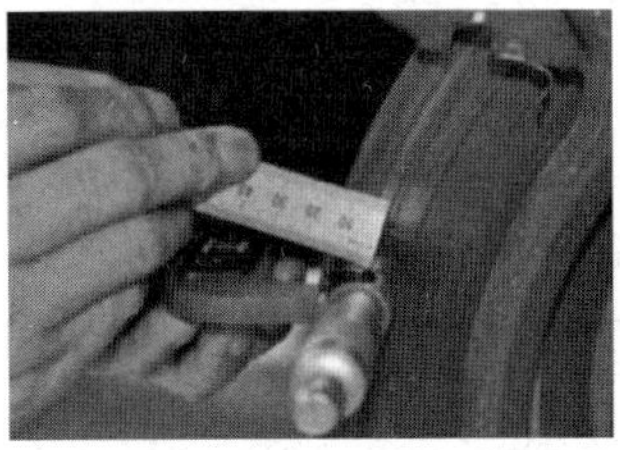	外观检查	□正常　□异常
	厚度测量	测量值______。 磨损极限值______。
	检查结果判断	□更换　□继续使用

② 制动盘端面圆跳动量的检查。

	制动盘固定状况	□正常　□异常
	厚度测量	测量值______。 磨损极限值______。
	检查结果判断	□更换　□继续使用

续表

四、计划实施	成绩：

③ 制动块、制动钳和制动轮缸的检查。

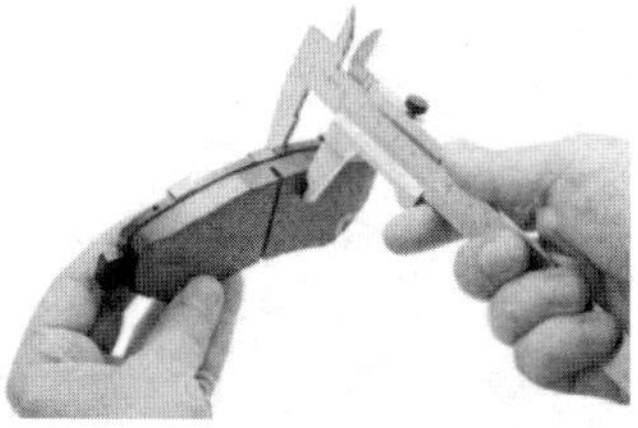	制动钳的检查	□正常　　□异常
	制动块厚度测量	测量值____________。 磨损极限值_________。
		结果判断：□更换　　□继续使用
	制动轮缸检查	□正常　　□异常

（2）鼓式制动器的检查。

① 制动片的检修。

	外观检查	□正常　　□异常
	制动片厚度测量	测量值____________。 磨损极限值_________。
		结果判断：□更换　　□继续使用
	制动片与制动鼓接触状况检查	测量值____________。 磨损极限值_________。
		结果判断：□更换　　□继续使用
	检查结果判断	□调整　　□继续使用

② 制动鼓的检查。

	外观检查	□正常　　□异常
	制动鼓内径测量	测量值____________。 磨损极限值_________。
		结果判断：□更换　　□继续使用
	检查结果判断	□调整　　□继续使用

4．请完成液压式行车制动系统的装复流程，并记录信息。

序号	装复步骤	注意事项
1		
2		
3		
4		
5		

续表

五、质量检查	成绩：

请实训指导教师检查作业结果，并针对实训过程中出现的问题提出改进措施及建议。

序号	评价标准	评价结果
1	规范完成液压式行车制动系统检修前的准备工作	☆ ☆ ☆ ☆ ☆
2	规范完成液压式行车制动系统零部件拆解操作流程	☆ ☆ ☆ ☆ ☆
3	正确如实记录液压式行车制动系统检测数据信息	☆ ☆ ☆ ☆ ☆
4	规范完成液压式制动系统零部件的安装工作	☆ ☆ ☆ ☆ ☆
5	场地恢复及现场 5S 管理	☆ ☆ ☆ ☆ ☆
综合评价		

六、评价反馈	成绩：

请根据自己在课堂中的实际表现进行自我反思和自我评价。

自我反思：____

____。

自我评价：____

____。

任务 2 气压式行车制动系统检修

姓名		学号	
小组成员		组长姓名	

一、接受工作任务	成绩：

企业工作任务

一辆________货车，在制动时，车辆严重跑偏，经多次调整和检查后仍无法调出正常的刹车，到修理厂进行全面维护。维修技术人员初步判断为气压制动系统故障，需要对气压制动系统进行检修。请你根据本任务所学完成气压式行车制动系统的检修。

二、信息收集	成绩：

1．气压式行车制动系统是将压缩空气的______能作为制动能量的来源。

2．气压式行车制动系统主要由________和______式制动传动装置组成，采用_____回路的布置形式。

3．空气压缩机是气压制动系统的_______源，通过皮带或齿轮传动由______驱动。

续表

二、信息收集	成绩：

4. 储气筒的主要功用是储存空气压缩机产生的________气体，在制动时提供足够的压缩空气。

5. 制动气室的作用是将输入的________压力转变为制动凸轮的_______力，使车轮制动器产生摩擦力矩。

6. 气压式行车制动系统结构认知。请在下表中写出各零部件的名称。

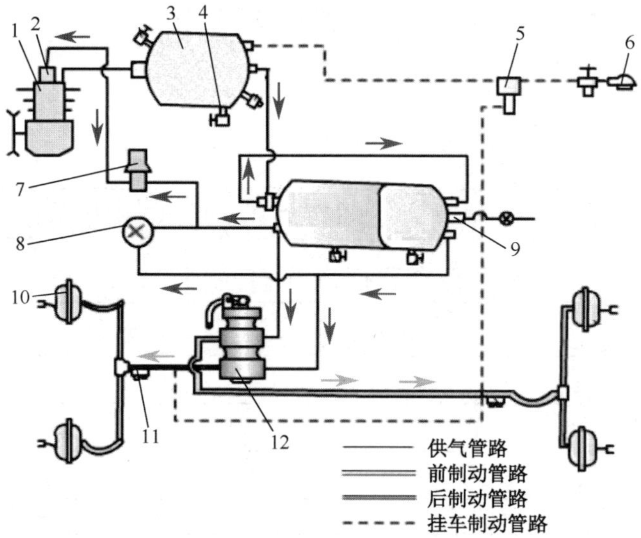

数字代号	零部件名称	数字代号	零部件名称	数字代号	零部件名称
1		5		9	
2		6		10	
3		7		11	
4		8		12	

三、制定计划	成绩：

1. 请根据气压式行车制动系统检修流程的要求，制定作业计划。

操作流程		
序号	作业项目	注意事项
1		
2		
3		
计划审核	审核意见：________ ________ ____年____月____日　　签字：________	

续表

三、制定计划	成绩：

2．请根据作业计划，完成小组成员任务分工。

操作人		记录员	
监护人		展示员	

作业注意事项

① 实训前需检查车辆是否停放到位，举升装置是否安全有效。
② 实训时远离火源及可燃物，保证场地通风，避开雨雪天气。
③ 在气压式行车制动系统检修时，需确保场地无油污，工具规格相符。
④ 拆检过程中严格遵守课堂纪律，严禁私自乱动举升装置。

检测设备/工具/材料

序号	名称	数量	清点
			□已清点
			□已清点
			□已清点
			□已清点

四、计划实施	成绩：

1．请完成气压式行车制动系统检修前的基本检查，并记录信息。

（1）检查作业现场环境。

	作业内容：__________ 作业结果：__________

（2）记录整车仪表信息。

	行驶里程	__________km
	车辆基本信息	VIN 码__________
		发动机号__________
		品牌________，车型________，颜色________

（3）作业前仪表工具检查。

	作业内容：__________ 作业结果：__________

续表

四、计划实施	成绩：

（4）作业前实施车辆防护。

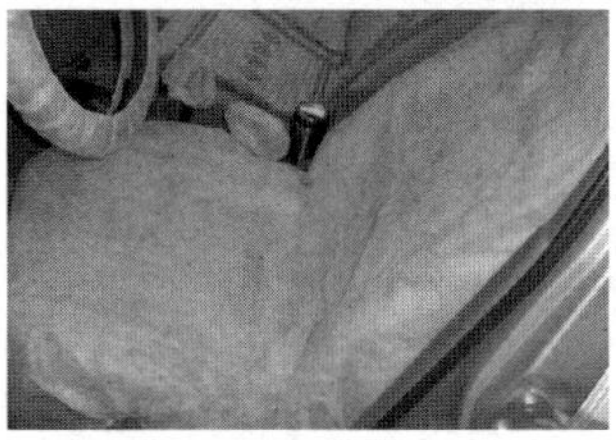	作业内容： ____________________ 作业结果： ____________________

2．请完成气压式行车制动系统的维护流程，并记录信息。

（1）空气压缩机的检查。

	空气压缩机安装位置	
	空气压缩机固定螺栓个数	
	检查结果：外观和相关管路连接　□正常　□异常	

（2）储气筒的检查。

	储气筒安装位置	1.__________。2.__________。
	储气筒固定螺栓个数	
	检查结果：外观和相关管路连接　□正常　□异常	

（3）制动控制阀的检查。

	制动控制阀安装位置	
	制动控制阀的类型	
	制动控制阀固定螺栓个数	
	检查结果：外观和相关管路连接　□正常　□异常	

（4）制动气室的检查。

	制动气室个数及安装位置	
	制动气室固定螺栓个数	
	检查结果：经检查，制动控制阀外观和相关管路连接 □正常　□异常__________	

续表

五、质量检查	成绩：
请实训指导教师检查作业结果，并针对实训过程中出现的问题提出改进措施及建议。	

序号	评价标准	评价结果
1	规范完成气压式行车制动系统检查前的准备工作	☆ ☆ ☆ ☆ ☆
2	规范完成气压式行车制动系统零部件检查操作流程	☆ ☆ ☆ ☆ ☆
3	正确如实记录气压式行车制动系统零部件相关数据信息	☆ ☆ ☆ ☆ ☆
4	场地恢复及现场 5S 管理	☆ ☆ ☆ ☆ ☆
综合评价		

六、评价反馈	成绩：
请根据自己在课堂中的实际表现进行自我反思和自我评价。	

自我反思：____

____。

自我评价：____

____。

任务 3 驻车制动系统检修

姓名		学号	
小组成员		组长姓名	

一、接受工作任务	成绩：

企业工作任务

一辆_____年生产的_____款_____轿车，行驶里程为______km。驻车手柄完全提起后，车辆仍然有移动的倾向，有几次险些酿成交通事故，到修理厂进行检修。维修技术人员初步判断为驻车制动系统故障，需要对驻车制动系统进行检修。请你根据本任务所学完成驻车制动系统的检修。

二、信息收集	成绩：

1．驻车制动系统的功用是使车辆停驶后________，防止滑溜，在行车制动系统失效后应急制动或配合行车制动器进行________制动，并且方便车辆在_______上顺利起步。

2．按制动器安装位置可分为_______制动式和_______制动式两种。

续表

二、信息收集	成绩：

3．机械式驻车制动系统一般由驻车制动________或脚踏板、驻车________、连接二者的杠杆或拉索等组成。

4．电子驻车制动系统一般由驻车________、驻车制动________和电子控制系统及相关的传感器等组成。按其结构分为__________式和__________式两种类型。

5．驻车制动系统结构认知。请在下表中写出各零部件的名称。

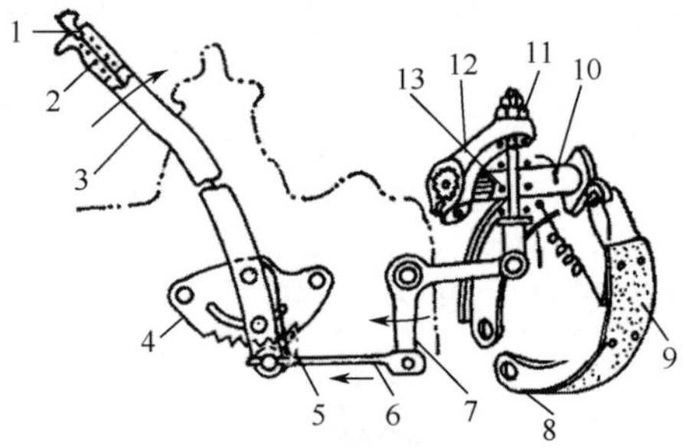

数字代号	零部件名称	数字代号	零部件名称	数字代号	零部件名称
1		6		11	
2		7		12	
3		8		13	
4		9			
5		10			

三、制定计划	成绩：

1．请根据驻车制动系统检修流程的要求，制定作业计划。

操作流程		
序号	作业项目	注意事项
1		
2		
3		
4		
计划审核	审核意见：______________________________。 ____年____月____日　　签字：__________	

2．请根据作业计划，完成小组成员任务分工。

操作人		记录员	
监护人		展示员	
作业注意事项			
① 实训前需检查车辆是否停放到位，举升装置是否安全有效。 ② 实训时远离火源及可燃物，保证场地通风，避开雨雪天气。 ③ 在驻车制动系统检查时，需确保场地无油污，工具规格相符。 ④ 拆检过程中严格遵守课堂纪律，严禁私自乱动举升装置。			

续表

三、制定计划	成绩：

续表

检测设备/工具/材料			
序号	名称	数量	清点
			□已清点
			□已清点
			□已清点
			□已清点

四、计划实施	成绩：

1．请完成驻车制动系统检修前的基本检查，并记录信息。

（1）检查作业现场环境。

作业内容：______________________________

作业结果：______________________________

（2）记录整车仪表信息。

行驶里程	____________km
车辆基本信息	VIN 码____________________
	发动机号____________________
	品牌__________，车型__________，颜色__________

（3）作业前仪表工具检查。

作业内容：______________________________

作业结果：______________________________

（4）作业前实施车辆防护。

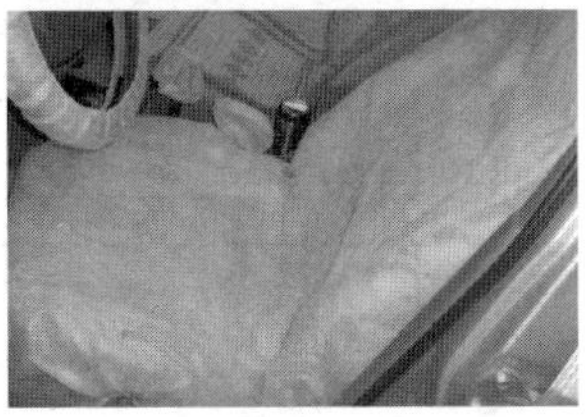

作业内容：______________________________

作业结果：______________________________

续表

四、计划实施	成绩：

2．请完成驻车制动系统的检查与调整流程，并记录信息。

（1）驻车制动自由行程的调整

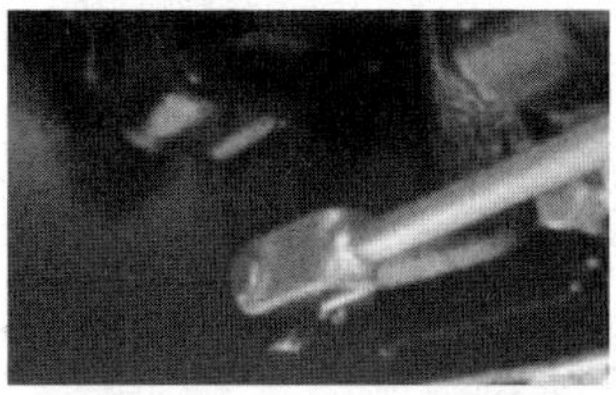	拉杆长度调整步骤	
	摇臂与凸轮相互位置的调整步骤	

（2）制动器的全面调整

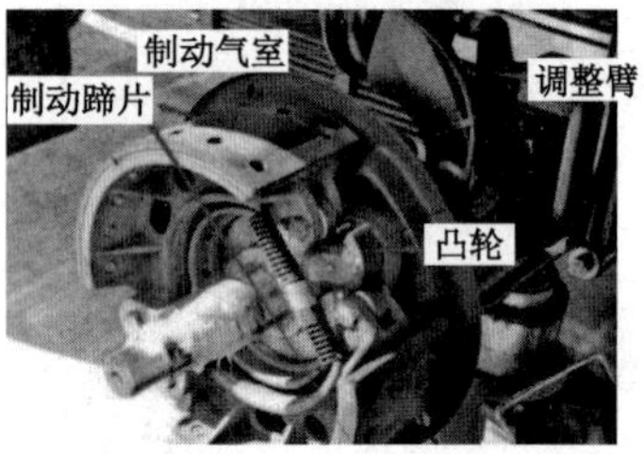	制动器调整位置	1.________。2.________。
	间隙测量	测量值________，极限值________
	检查结果判断	□正常　□异常（调整位置____）

五、质量检查	成绩：

请实训指导教师检查作业结果，并针对实训过程中出现的问题提出改进措施及建议。

序号	评价标准	评价结果
1	规范完成驻车制动系统检查前准备工作	☆ ☆ ☆ ☆ ☆
2	规范完成驻车制动系统零部件检查操作流程	☆ ☆ ☆ ☆ ☆
3	正确如实记录驻车制动系统零部件相关数据信息	☆ ☆ ☆ ☆ ☆
4	场地恢复及现场 5S 管理	☆ ☆ ☆ ☆ ☆
综合评价		

六、评价反馈	成绩：

请根据自己在课堂中的实际表现进行自我反思和自我评价。

自我反思：____

____。

自我评价：____

____。

任务 4 制动系统的电子控制系统检修

姓名		学号	
小组成员		组长姓名	

一、接受工作任务 **成绩：**

企业工作任务

一辆行驶了_____km 的_____款______轿车，ABS 工作指示灯常亮，而且车辆在行驶过程中，如果紧急制动，后轮有抱死现象，制动踏板也没有脉动感。维修技术人员初步判断为 ABS 故障，需要对 ABS 系统进行检修。请你根据所学完成车辆 ABS 的检修。

二、信息收集 **成绩：**

1．制动防抱死系统的作用就是保证汽车在任何路面情况下紧急制动时，自动________和_________制动器制动力的大小，使车轮不被完全抱死，获得最佳的制动效果提高车辆的______性和______性。

2．汽车的 ABS 一般就是以将滑移率控制在__________为基本目的而设计的。

3．ABS 的类型按结构原理的不同可分为________制动、_________制动和_________制动三种类型。

4．ASR 的功用是防止汽车在起步、加速和在湿滑路面行驶过程中_________。

5．ABS 制动系统结构认知。请在下表中写出各零部件的名称。

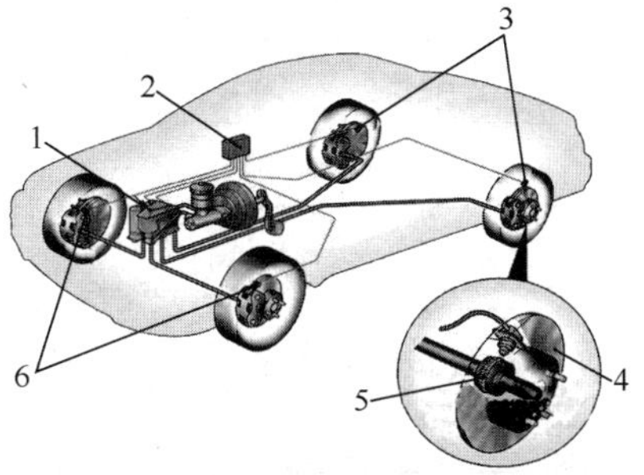

数字代号	零部件名称	数字代号	零部件名称	数字代号	零部件名称
1		3		5	
2		4		6	

续表

三、制定计划	成绩：

1．请根据制动系统的电子控制系统检修流程的要求，制定作业计划。

操作流程		
序号	作业项目	注意事项
1		
2		
3		
计划审核	审核意见：________________ ________________ ____年____月____日　　签字：________	

2．请根据作业计划，完成小组成员任务分工。

操作人		记录员	
监护人		展示员	

作业注意事项
① 实训前需检查车辆是否停放到位，举升装置是否安全有效。 ② 实训时远离火源及可燃物，保证场地通风，避开雨雪天气。 ③ 在进行制动系统的电子控制系统检修时，需确保场地无油污，工具规格相符。 ④ 拆检过程中严格遵守课堂纪律，严禁私自乱动举升装置。

检测设备/工具/材料			
序号	名称	数量	清点
			□已清点
			□已清点
			□已清点
			□已清点

四、计划实施	成绩：

1．请完成制动系统的电子控制系统检修前的基本检查，并记录信息。

（1）检查作业现场环境。

	作业内容：________________ 作业结果：________________

续表

四、计划实施	成绩：

（2）记录整车仪表信息。

<table>
<tr><td rowspan="4"></td><td>行驶里程</td><td>__________km</td></tr>
<tr><td rowspan="3">车辆基本信息</td><td>VIN 码______________________</td></tr>
<tr><td>发动机号____________________</td></tr>
<tr><td>品牌__________，车型________，颜色__________</td></tr>
</table>

（3）作业前仪表工具检查。

	作业内容： ______________________________ 作业结果： ______________________________

（4）作业前实施车辆防护。

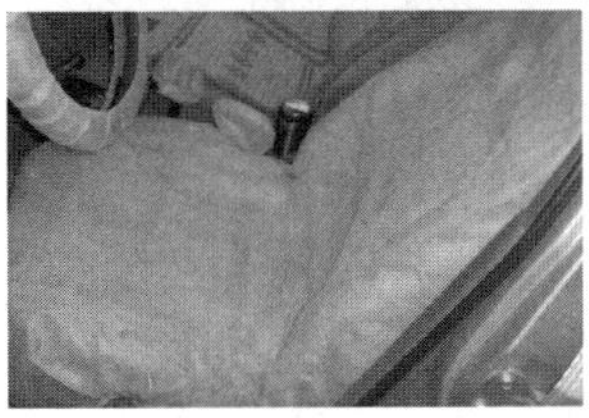	作业内容： ______________________________ 作业结果： ______________________________

2．请完成制动系统的电子控制系统的维护流程，并记录信息。

（1）ABS 轮速传感器的检查。

<table>
<tr><td rowspan="3">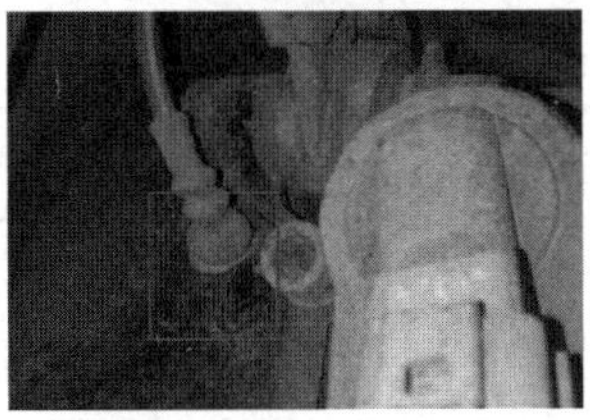</td><td>轮速传感器安装位置</td><td></td></tr>
<tr><td>轮速传感器固定螺栓个数</td><td></td></tr>
<tr><td colspan="2">检查结果：经检查，轮速传感器外观和相关管路连接
□正常　　□异常________________</td></tr>
</table>

（2）ABS 调节器的检查。

<table>
<tr><td rowspan="3"></td><td>安装位置</td><td></td></tr>
<tr><td>固定螺栓个数</td><td></td></tr>
<tr><td colspan="2">检查结果：经检查，调节器外观和相关管路连接
□正常　　□异常________________</td></tr>
</table>

续表

四、计划实施	成绩：

（3）ESP 的检查。

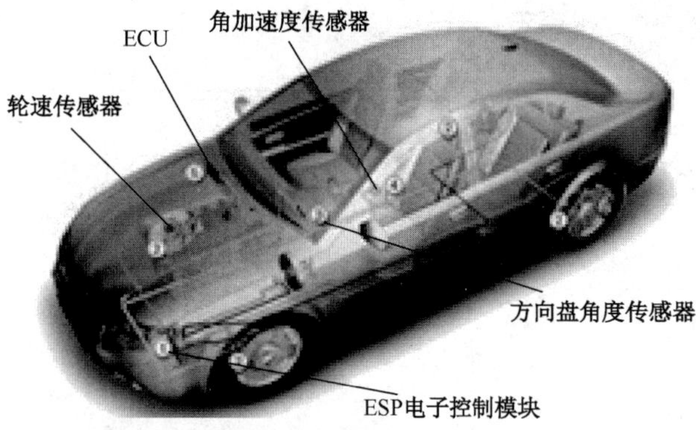

角加速度传感器安装位置	
方向盘角度传感器安装位置	
ESP 电控单元安装位置	
轮速传感器	

五、质量检查	成绩：

请实训指导教师检查作业结果，并针对实训过程中出现的问题提出改进措施及建议。

序号	评价标准	评价结果
1	规范完成制动系统的电子控制系统检修前的准备工作	☆ ☆ ☆ ☆ ☆
2	规范完成制动系统的电子控制系统零部件检查操作流程	☆ ☆ ☆ ☆ ☆
3	正确如实记录制动系统的电子控制系统零部件相关数据信息	☆ ☆ ☆ ☆ ☆
4	场地恢复及现场 5S 管理	☆ ☆ ☆ ☆ ☆
综合评价		

六、评价反馈	成绩：

请根据自己在课堂中的实际表现进行自我反思和自我评价。

自我反思：____

____。

自我评价：____

____。

职业教育汽车类专业核心课程系列教材

- 汽车机械基础
- 汽车电工电子基础
- 汽车发动机构造与检修
- 汽车底盘构造与检修
- 汽车电气检测与维修

责任编辑：蒲　玥
封面设计：张　昱

ISBN 978-7-121-41731-3

定价：42.00 元
（含实训手册）